Hans Küng

Morire felici?

Lasciare la vita senza paura

Traduzione di Chicca Galli

Rizzoli

ISBN 978-88-17-08057-6

Titolo originale dell'opera:
GLÜCKLICH STERBEN?

Prima edizione: febbraio 2015

Redazione e impaginazione: Studio Dispari – Milano

Ai medici, ai terapisti, agli infermieri
e a tutti coloro che mi hanno assistito,
con gratitudine.

Una premessa personale

«Sostenendo strenuamente la responsabilità personale nella morte, lei mette in pericolo tutta la grande opera della sua vita.» È più o meno così che si sono espressi, a voce o per iscritto, molti amici e lettori dopo la pubblicazione del terzo volume delle mie memorie, *Erlebte Menschlichkeit* («Umanità vissuta»), nell'ottobre del 2014.* Prendo molto sul serio le obiezioni di questo tipo, ma preferirei che nella memoria dei posteri il mio ricordo non fosse legato soprattutto al tema dell'eutanasia.** In

* Le memorie di Hans Küng sono uscite in Germania in tre volumi presso Piper, i primi due rispettivamente nel 2002 (*Erkämpfte Freiheit*; trad. it. *La mia battaglia per la libertà*, Diabasis, Parma 2008) e nel 2007 (*Umstrittene Wahrheit*, «Una verità controversa»). Nel giugno del 2014, Rizzoli ha pubblicato *Una battaglia lunga una vita*, che, come scrive l'autore nella prefazione, «raccoglie tutto ciò che c'è di essenziale nei tre volumi dell'autobiografia originale tedesca» (p. 9). (*N.d.T.*)

** La parola tedesca più comune per «eutanasia», così tradotta nel testo, è *Sterbehilfe* (lett. «aiuto, ausilio alla morte») e non *Euthanasie*, il cui uso è evitato a causa del suo legame con il nazismo (come spiega l'autore più avanti). (*N.d.T.*)

fin dei conti, la mia posizione nei confronti della morte si può giudicare correttamente solo se si ha almeno una vaga idea del mio interesse costante per argomenti fondamentali come la questione di Dio, l'essere cristiani, la vita eterna, la Chiesa, l'ecumenismo, le religioni mondiali, l'etica mondiale eccetera.

Continuo a professare la prima delle quattro «norme immutabili» dell'etica mondiale, quella sul «dovere di una cultura del rispetto per ogni vita», proclamata dal Parlamento delle religioni mondiali a Chicago nel 1993: «Dalle grandi tradizioni religiose ed etiche dell'umanità apprendiamo la norma: *Non uccidere*. O in forma positiva: *Rispetta ogni vita*. Riflettiamo, dunque, di nuovo sulle conseguenze di questa antichissima norma: ogni uomo ha il diritto alla vita, all'integrità fisica e al libero sviluppo della personalità, nella misura in cui non lede i diritti di altri. Nessun uomo ha il diritto di tormentare fisicamente e psichicamente, di ferire o addirittura uccidere un altro uomo». Tuttavia, proprio perché «la persona umana è infinitamente preziosa e deve essere assolutamente protetta», e questo sino alla fine, occorre riflettere con attenzione sul significato di queste parole nell'epoca della medicina tecnologicamente avanzata, che è in grado di provocare la morte in modo perlopiù indolore ma, in molti casi, anche di protrarla in misura considerevole.

Qui vorrei affrontare questa problematica in tutta franchezza, senza deludere nessuno dei tanti che nel corso dei decenni sono stati, per certi versi, ispirati dalle mie tesi. D'altro canto, ora ricevo adesioni e conferme da persone religiose e non che mi sono grate per aver avuto il coraggio di trattare con la competenza e l'onestà di un teologo cristiano, anzi cattolico, la questione dell'eutanasia, un tema ricco di implicazioni emotive e politiche e dunque assai controverso.

Occorrerà pertanto distinguere tra il largo consenso verso il rispetto della vita e il dissenso riguardo al tipo di eutanasia. Nei documenti per un'etica mondiale si fa appello con insistenza al rispetto della vita, ma non vi è una presa di posizione sulla questione specifica dell'eutanasia, perché al momento è impossibile stabilire un accordo in merito, sia tra le religioni mondiali sia all'interno delle singole religioni.

La difesa dell'eutanasia è una battaglia personale del sottoscritto, non della Fondazione per un'etica mondiale. Dunque prego umilmente coloro che condividono la mia visione di continuare ad appoggiarmi, e coloro che la rifiutano di provare, se possibile, a comprendere meglio la mia tesi. È questo lo scopo del presente libretto. Esso non è un'opera totalmente originale – nei discorsi di commiato del 2013 ho proibito a me stesso di scriverne altre –, bensì un nuovo opuscolo studiato per spiegare ai lettori la mia posizione e approfondire l'argomento.

Il pensiero di aver avuto ancora la forza di completare questo volume mi riempie di riconoscenza. Nell'ultima fase della stesura sento tuttavia che le energie mi abbandonano e che anche alcune attività intellettuali diventano molto faticose. Senza dubbio si potrebbero aggiungere ulteriori dettagli e precisazioni in alcuni punti del libro, ma questa breve opera non ha la pretesa di chiarire una volta per tutte la complessa questione dell'eutanasia. Piuttosto vuole contribuire al costante processo di discussione e dare voce a un teologo cristiano che, sul piano esistenziale, è interessato in prima persona da questa problematica.

Ringrazio di cuore tutti quelli che mi hanno dato consigli e informazioni importanti su questo delicato argomento e che hanno partecipato materialmente alla realizzazione di questo volume.

Hans Küng
Tubinga, giugno 2014

Introduzione
Morire felici è possibile?

La morte e la felicità non sono forse diametralmente opposte? In tedesco, la parola *Glück* ha il duplice significato di «felicità» e «fortuna». «È stato fortunato (*glücklich*)» si dice di qualcuno che è sopravvissuto per un pelo a un incidente stradale. Frasi come questa si riferiscono alla *fortuna della casualità* (*Glück des Zufalls*), per designare la quale la lingua inglese e quella latina hanno entrambe un termine ben preciso: *luck* e *fortuna*. *Happiness* e *beatitudo* indicano invece la *felicità dell'appagamento* (*Glück der Erfüllung*).

Nella vita di tutti i giorni, l'individuo può provare la piccola felicità di un istante di soddisfazione, per esempio quella data da una parola gentile, un gesto cordiale o il ringraziamento per una buona azione. A volte può anche conoscere la grande felicità di un'esperienza momentanea esaltante, come il trasporto della musica, il contatto travolgente con la natura o l'estasi dell'amore.

C'è solo una cosa che l'uomo non è in grado di fare:

prolungare il buonumore. A nulla servono, in tal senso, i soldi, l'alcol o la droga. Di sicuro esistono informazioni assai diverse che stimolano la produzione di endorfine – gli ormoni della felicità – nel cervello umano e generano così emozioni euforiche, ma l'abitudine sfocia nell'insensibilità: il sistema neurobiologico della felicità non è concepito per il funzionamento continuativo. La supplica che Faust rivolge al momento del massimo gaudio – «Fermati, sei così bello!» – non è pronunciata per caso e resta inascoltata.

All'uomo, tuttavia, anziché una felicità perpetua, sembrerebbe possibile un'altra cosa: una *serenità di fondo stabile* che gli impedisca di perdere la speranza, persino nelle situazioni disperate, e che alimenti la sua fiducia. In altre parole, accettare, in linea di massima, la vita così com'è, ma senza rassegnarsi a ogni cosa. Una serenità di fondo consente pertanto di vivere in armonia, in pace con se stessi. Mi domando allora: un simile atteggiamento non si può conservare anche di fronte alla fragilità e alla caducità umane, fino alla morte?

L'*ars moriendi*, l'«arte di morire», è un argomento che mi affascina sin dagli anni Cinquanta, quando mio fratello Georg soffrì per mesi di un tumore inguaribile al cervello, per poi morire a causa di un accumulo d'acqua nei polmoni. Si è imposta ancora di più alla mia attenzione da quando, a partire dal 2005 circa, il mio caro collega e amico Walter Jens ha iniziato, nonostante le migliori cure, a vegetare nella nebbia della demenza, fino a spegnersi nel 2013. Queste esperienze hanno rafforzato la mia convinzione: non voglio morire così! Allo stesso tempo, tuttavia, mi hanno dimostrato quanto sia difficile cogliere il momento giusto per una morte affidata alla propria responsabilità.

Io e Walter Jens abbiamo sottolineato insieme questa necessità all'inizio degli anni Novanta, durante le lezioni tenute nell'ambito dello Studium generale dell'Università di Tubinga, e poi nel 1995, nell'opera a quattro mani *Della dignità del morire. Una difesa della libera scelta* (trad. it. Rizzoli, Milano 1996), la cui riedizione del 2009 (trad. it. BUR, Milano 2010) si arricchisce delle mie «Venti tesi sull'eutanasia» e di un contributo personalissimo di Inge Jens.

Infine, nel 2013, ho riassunto in cinquanta pagine la mia anamnesi (Parkinson, maculopatia, poliartrosi alle dita eccetera) e il mio atteggiamento verso la morte nell'ultimo capitolo delle mie memorie, *Una battaglia lunga una vita* (trad. it. Rizzoli, Milano 2014). Ho parlato dell'argomento in tutta onestà anche per sensibilizzare l'opinione pubblica tedesca, ancora ossessionata dal trauma collettivo degli omicidi nazisti contro la cosiddetta «vita senza valore», rispetto all'attuale problematica di una morte rinviata con mezzi artificiali.

L'intenzione di non protrarre a tempo indeterminato la mia esistenza terrena è un caposaldo della mia arte del vivere e parte integrante della mia fede nella vita eterna. Quando arriva il momento, ho il diritto, qualora ne sia ancora in grado, di scegliere con la mia responsabilità quando e come morire. Se mi venisse concesso, vorrei spegnermi in modo consapevole e dire addio ai miei cari con dignità. Per me, morire *felici* non significa morire senza malinconia né dolore, bensì andarsene *consensualmente, accompagnati da una profonda soddisfazione e dalla pace interiore*. Del resto, è questo il significato della parola greca *eu-thanasia*, entrata in molte lingue moderne, ma storpiata vergognosamente dai nazisti: «morte felice», «buona», «giusta», «lieve», «bella».

Un autentico *Requiescat in pace* («Riposi in pace»), insomma. Dopo aver sistemato tutto ciò che andava sistemato, con gratitudine e con una preghiera fiduciosa. Non si tratta solo di un miraggio. Conosco persone che, da questo punto di vista, sono morte felici. Mia madre, per esempio. Per me, questo atteggiamento si fonda in ultima analisi sulla speranza di una vita eterna che è il compimento definitivo dell'esistenza in un'altra dimensione della pace e dell'armonia, dell'amore durevole e della felicità permanente. È questa la mia idea del morire felici, che trae ispirazione dalla Bibbia.

Ciò dovrebbe bastare a chiarire un concetto: questa eutanasia non ha nulla a che vedere con un «autoassassinio»* arbitrario ed empio, pianificato per provocare l'autorità ecclesiastica, come mi accusano alcuni sia sui media sia con lettere personali. Evidentemente,

* In tedesco *Selbstmord*, uno dei vari termini per definire il suicidio: la parola contiene in sé una certa accezione negativa e per questo l'autore non la utilizza, preferendo altri termini tedeschi più neutri, quali *Selbsttötung* (lett. «auto-uccisione, auto-omicidio»), *Freitod* (lett. «libera morte») e *Suizid*, di origine latina. (*N.d.T.*)

però, certi rappresentanti della «dottrina ecclesiastica», da cui la mia concezione si dissocia, non hanno ancora capito che anche la nostra visione dell'inizio e della fine della vita umana si trova al centro di un mutamento di paradigma epocale, che non si può penetrare e dominare con l'immaginario e la terminologia della teologia medievale né con quelli della teologia ortodosso-protestante. Oggi è necessario prendere in considerazione il notevole prolungamento della vita consentito dai progressi, prima inimmaginabili, della medicina moderna e dell'igiene, ma bisogna tenere conto anche delle idee successive, che sottolineano i limiti di una medicina basata su argomenti e criteri esclusivi delle scienze naturali e della tecnica. È aumentata la percezione della necessità di dare un fondamento etico a una medicina globale che tuteli l'umanità del paziente. Anche nella Chiesa cattolica esiste, sin dall'insediamento di papa Francesco, la speranza di una maggiore franchezza e di un aiuto caritatevole in questioni che, è risaputo, sono assai complesse. Per il pontefice, il cristianesimo non è un'astratta ideologia dottrinaria, bensì una via che si impara a conoscere percorrendola.

Su alcuni degli interrogativi qui menzionati si è soffermata anche la conduttrice televisiva Anne Will in un'intervista con il sottoscritto, trasmessa dal primo canale nazionale della televisione tedesca il 20 novembre 2013 e replicata dall'emittente Phoenix il 2 gennaio 2014. Questo dialogo è il punto di partenza delle riflessioni che seguono. Ringrazio di cuore la mia intelligente e sensibile interlocutrice per avermi autorizzato a pubblicare questa conversazione vivace e spontanea. Se, come ho detto, non avevo intenzione di scrivere un libro originale, volevo almeno chiarire e approfondire la mia tesi, nonché rispondere alle obiezioni scritte e orali, rifacendomi a testi anteriori e aggiungendo nuovi commenti. Vorrei offrire a un pubblico più ampio – e, date le attuali discussioni nei parlamenti, nelle associazioni di categoria, nei tribunali e nelle chiese, soprattutto a politici, medici, giuristi e consulenti spirituali – un po' di materiale per una serie di riflessioni critiche e autocritiche. Tutto ciò con la speranza di alimentare un dibattito attento e, allo stesso tempo, indulgente.

INTERVISTA DI ANNE WILL

La fortuna della contestazione

ANNE WILL: Egregio dottor Küng, siamo nel novembre del 2013 ed è una magnifica giornata, il cielo è azzurro e il sole splende. Per lei il 2013 è stato un anno particolare. Ha compiuto 85 anni a marzo e ha terminato la pubblicazione delle sue memorie. Una specie di conclusione o di finale, dunque: la «sera della vita», per usare una sua espressione. Inoltre ha annunciato pubblicamente di essere malato di Parkinson e, tempo fa, ha anche affermato che se la malattia dovesse cambiarla farà ricorso all'eutanasia. Come fa a essere certo, quando arriverà il momento, che non l'attenderà più alcuna felicità terrena?

HANS KÜNG: Be', non la metterei in questi termini. Diciamo piuttosto che in quel momento capirò che la mia vita è compiuta, che non ho più incarichi da portare a termine, che è semplicemente ora di andarmene. Come si legge nel *Qohélet* dell'Antico Testamento, c'è un tempo per vivere e uno per morire, e quello sarà il mio tempo per morire.

A.W.: Ha già stabilito un giorno preciso?

H.K.: No. Al contrario di quanto hanno affermato i media per qualche tempo, non ho mai nemmeno dichiarato che avrei preso subito congedo dal mondo. Esiste pur sempre la possibilità che le mie tante malattie...

A.W.: Quali sarebbero?

H.K.: Ecco, ho difficoltà a scrivere. Ho dei disturbi agli occhi – una maculopatia –, alla schiena, alle vertebre lombari eccetera. Nulla di grave, se vogliamo; è soltanto il segno che sono entrato nell'ultimo periodo dell'esistenza e che nemmeno la mia vita durerà in eterno. L'ho sempre accettata così com'era e non volevo passare sotto silenzio nemmeno le mie condizioni attuali, cosa che avrei potuto fare senza difficoltà. Nulla mi avrebbe impedito di concludere le mie memorie in grande stile, con un episodio d'impatto – ne ho vissuti a sufficienza –, invece ho voluto dire quello che penso sino alla fine, in nome della verità nella veracità.

A.W.: Poco fa, l'ho interrotta quando – almeno credo – stava per spiegarci come capirebbe che è giunto il momento di dire: «Okay, ormai la mia vita è compiuta e voglio andare oltre».

H.K.: Lo intuirei nel preciso istante in cui avvertissi qualche sintomo di demenza. Quello per me sarebbe il momento. Walter Jens viveva dietro l'angolo. L'ho guardato scivolare nella demenza per anni. Negli anni Novanta, giù all'università, abbiamo tenuto insieme una serie di lezioni intitolate «Morire con dignità». E Jens ripeteva sempre che per lui sarebbe stata una fortuna se, come Sigmund Freud, avesse trovato un medico disposto ad aiutarlo a morire. Si era ripromesso di cercarlo, ma si è lasciato sfuggire il momento giusto. Non voglio che a me succeda la stessa cosa. La demenza incipiente sarebbe, in ogni caso, un indizio inequivocabile, ma non posso prevedere cos'altro capiterà in seguito. Sono pronto a tutto. Persino a farmi carico di un nuovo compito, qualora se ne presentasse uno che sia ancora in grado di sostenere. Però non voglio continuare come prima. Ho scritto tutti i libri che volevo scrivere, ho fatto tutti i viaggi che volevo fare, dunque da questo punto di vista sono un uomo soddisfatto, relativamente felice, e posso dire che la mia opera si è realizzata e completata.

A.W.: Ma perché vuole porre fine alla sua vita non appena avvertirà i primi segni di demenza?

H.K.: Perché sono del parere che la vita terrena non sia tutto. Ovviamente ciò si deve alla convinzione di fede secondo cui non mi dissolverò nel nulla. Capisco le persone che, non credendo nella vita eterna, hanno paura del non-essere. Io, invece, sono persuaso che non svanirò nel nulla, bensì entrerò in una realtà ultima. Per così dire, andrò verso l'interno, nella realtà più profonda in termini relativi e assoluti, e lì troverò una nuova vita. È questa la mia convinzione di fede, che naturalmente mi permette di essere un tantino più disinvolto riguardo alla lunghezza di questa vita e alla sua sopportazione. Secondo alcuni medici con cui ho parlato negli ultimi tempi, a volte è sorprendente come le persone vogliano a tutti i costi vivere più a lungo. Persino i teologi, mi hanno riferito...

A.W.: Forse non sono così convinti...

H.K.: Esatto... Quando non si è sicuri delle proprie idee e si vacilla, ci si ritrova a dire: «Sì, sì, voglio continuare a vivere» e poi ci si lascia sfuggire il momento giusto.

A.W.: Cosa le fa pensare che, in uno stato di demenza incipiente, l'esistenza terrena non sarebbe più come la desidera? Perché, in quel caso, vorrebbe dire addio alla vita?

H.K.: Se vedesse come si riducono spesso i malati... Oggi esistono persino «villaggi» per malati di demenza. Un pensiero spaventoso! Non riesco neppure a immaginarlo. Vorrei morire quando ancora sono un individuo in piena regola, senza ridurmi a una specie di vegetale. O, come nel caso del mio amico Walter Jens, senza regredire a uno stadio infantile. Ciò non toglie, precisiamolo, che anch'io, come lui, ami i bambini e gli animali. Walter ha ricevuto un'assistenza impeccabile e io non intendo esprimere giudizi al riguardo. Non voglio fare la morale a nessuno. Parlo solo per me stesso, ma ovviamente so che molte, moltissime persone hanno problemi analoghi, anche tra coloro che ci ascoltano e ci guardano ora.

A.W.: Lei è – come tutti sanno – uno dei più famosi critici della Chiesa, se non addirittura il più famoso. Un critico che l'ha contestata dall'interno, un teologo cattolico ma anche un sacerdote cattolico. La Chiesa ha un atteggiamento decisamente diverso nei confronti della possibilità di scegliere il momento in cui congedarsi dalla vita. La Chiesa considera la vita un dono divino e, di conseguenza, il suicidio, l'uccisione deliberata di sé, un rifiuto del sì di Dio all'uomo. Così è scritto nel catechismo.* Decidendo di andare controcorrente, non vuole forse contestare per l'ultima volta la Chiesa istituzionale?

H.K.: Credo che la leadership della Chiesa dovrebbe essere la prima a cambiare atteggiamento nei confronti dell'eutanasia. Badi bene, non mi riferisco alla semplice comunità ecclesiale. Secondo gli ultimi sondaggi condotti in Germania, infatti, il 77 per cento di quest'ultima considera giusto che nell'ultima fase dell'esistenza si

* Ci si riferisce qui al *Catechismo cattolico degli adulti* della Conferenza episcopale tedesca (trad. it. San Paolo, Cinisello Balsamo 1989). (*N.d.T.*)

possa prendere in considerazione l'eutanasia. Penso che su questo fronte la leadership della Chiesa sia rimasta indietro tanto sul piano della riflessione quanto su quello della decisione. Sono convinto, anzi fermamente convinto, che la vita sia un dono di Dio. Mi è stata regalata. Non me la sono guadagnata. In quanto credente, ritengo che mi sia stata donata da Dio attraverso i genitori. Questo dono, tuttavia, comporta una responsabilità. D'altronde lo dice anche il catechismo. Ciascuno di noi è responsabile della propria vita. E perché dovrebbe cessare di esserlo proprio nell'ultima fase dell'esistenza? La responsabilità esiste fino in fondo e io ho tutte le intenzioni di assumermela. Va da sé che bisogna tenere conto delle circostanze: se fossi un uomo sulla quarantina con una famiglia, con moglie e figli, e mi capitasse una disavventura, per esempio la perdita del lavoro, non potrei semplicemente dire addio alla vita senza preoccuparmi di chi resta. Oggi ci è anche concesso di vivere più a lungo (penso che la Chiesa cattolica debba tenere conto anche di questo). Non sarei in queste condizioni di salute senza l'igiene, la medicina e tutto ciò che, per fortuna, si può avere oggi.

A.W.: Molto sport. Lei ha sempre nuotato.

H.K.: Sì, certo, nuoto ogni giorno. È magnifico. Da un certo punto di vista, si tratta di una vita supplementare, di un periodo aggiuntivo, che però non è stato creato da Dio, bensì dall'uomo. Ed ecco allora che uno si chiede:

per quanto tempo dovrò sopportarlo? Devo prendere tutte le pastiglie? Me ne hanno già prescritte dodici al giorno. Devo aumentare la dose? Devo sottopormi agli interventi chirurgici? In tal senso si sono osservati sviluppi molto positivi anche nel magistero della Chiesa. Oggi nessuno è più contrario alla cosiddetta eutanasia passiva – anche se a Roma c'è sempre qualche bastian contrario –, e si ritiene lecito spegnere le macchine, staccare il respiratore e interrompere l'alimentazione artificiale. È un'operazione passiva. Non capisco perché sia meno attiva di un medico che somministra una dose eccessiva di morfina. La leadership della Chiesa non ha riflettuto abbastanza. Così ho sentito l'esigenza di offrire uno spunto per una nuova riflessione. Si osserva una situazione analoga con la regolamentazione delle nascite. Come è risaputo, sono state prese decisioni sbagliate per colpa dell'enciclica *Humanae vitae* (1968), secondo cui la contraccezione è un peccato mortale. La Chiesa di Roma è ancora arroccata su questa posizione. È innegabile che ora la situazione sia cambiata, e anche la leadership della Chiesa dovrebbe interrogarsi sulle implicazioni di questo mutamento. Vorrei che la Chiesa aiutasse l'uomo a morire anziché limitarsi a dargli l'estrema unzione. Si tratterebbe di aiutare a morire bene una persona che vuole dire addio alla vita.

A.W.: Vuole offrire uno spunto, dice. Dare un segnale, in altre parole. Sbaglio, oppure sarebbe, come accennavo prima, una specie di ultima contestazione contro la

Chiesa istituzionale e la volontà di quella che lei chiama la leadership della Chiesa?

H.K.: Sì, ovviamente spero si capisca che voglio dare un segnale forte. È inevitabile, data la mia posizione. Sono anche consapevole che determinate parole hanno un peso diverso se sono io a pronunciarle, invece di un profano, di un laico o di chiunque altro. È solo un segnale, ma penso che stimolerà la riflessione. Sa, ho già sentito molte persone dichiarare: «Anch'io faccio parte di Exit». Non si vergognano più a confessarlo.

A.W.: L'organizzazione svizzera specializzata nella promozione dell'eutanasia...

H.K.: E ho ottenuto che Exit, ma anche la Società tedesca per una morte umana, riscoprissero qualcosa che volevo venisse riscoperto, ossia la dimensione religiosa della morte. Il fatto che si possa morire, che si possa farlo di propria spontanea volontà, senza credere necessariamente che si precipiterà nel nulla. In passato, quando qualcuno aderiva a un'organizzazione di questo tipo, si dava sempre per scontato che fosse materialista o ateo, ma è vero il contrario. Si può morire volontariamente anche sulla spinta della fede in Dio. Una fede per nulla razionalista, bensì razionale e ragionevole. Perciò mi ha fatto molto piacere che la mia opinione abbia trovato sin dall'inizio il favore di queste organizzazioni, che si sono dimostrate pronte a prenderla sul serio. Nel libro *Della dignità del morire* ho toccato l'argomento solo di sfuggita. Ora, però, il forte consenso ricevuto proprio da quegli ambienti costituisce una conferma. Spero che la leadership della Chiesa non commetta lo stesso errore che ha fatto con la pillola. Un errore madornale. L'enciclica *Humanae vitae* non è stata recepita dal popolo cattolico. La dottrina della Chiesa non ha vita facile quando il popolo non la fa propria. Quando i fedeli hanno una visione completamente diversa, non si ottiene l'effetto sperato. Degli antichi concili si diceva che quando le loro deliberazioni non venivano recepite, non erano valide.

A.W.: Dichiarando pubblicamente che vuole percorrere questa strada, come sta facendo anche ora con me, non rischia di limitare la sua libertà di scelta?

H.K.: Al contrario. Ho sistemato ogni cosa, ho fatto testamento, ho preparato tutto per bene. Dunque posso aspettare tranquillamente l'evolversi della situazione.

A.W.: Ma a un certo punto potrebbe anche dire: «Ho cambiato idea. Voglio godermi un'altra bella giornata con il cielo azzurro e il sole splendente. Sì, ho detto che in un dato momento avrei preso commiato dalla vita, ma adesso non lo desidero più». In altre parole, si tira indietro e non fa seguire all'annuncio pubblico un gesto concreto. Avrebbe ancora questa libertà?

H.K.: Certo. Ma proviamo ad applicare una logica un po' diversa. Non prenderei una simile decisione solo per via di un bel cielo azzurro. E ho scritto chiaramente che, se mi si presentasse ancora una volta un compito straordinario, me ne farei carico. L'ho spiegato nell'ultimo capitolo delle mie memorie («La sera della vita»), e che cos'è successo? D'un tratto, nella Chiesa cattolica si è delineata una costellazione totalmente inedita. Il 19 marzo 2013 Joseph Ratzinger ha festeggiato l'onomastico, e io il mio 85° compleanno. E nello stesso giorno è salito in carica papa Francesco! È stata una grossa sorpresa per me. Prima avevo sempre pensato che mi sarei preparato a uscire di scena, che avrei rinunciato a tutti i miei incarichi e che ciò avrebbe significato «Küng se ne va, papa Ratzinger resta». Invece lui si è ritirato ancora prima di me. Sì, è una situazione nuova. Ho scritto al nuovo papa subito dopo la sua elezione e ho ricevuto una risposta molto positiva. Gli ho spedito il libro *Salviamo la Chiesa* (2011; trad. it. Rizzoli, Milano 2011). Ho ricevuto una risposta cordiale, una lettera autografa.

A.W.: Che ha riprodotto nel libro in caratteri piccolissimi. Mi è rimasta impressa l'affettuosissima formula di commiato usata da Francesco.

H.K.: Sì, *fraternamente*. Abbiamo corrisposto in spagnolo. *Fraternamente*, come fratelli. Non una missiva papale, dunque, bensì una lettera fraterna. Allora ho pensato che, nei limiti delle mie possibilità, avrei dovuto sostenere il nuovo corso.

A.W.: Lo scrive anche nel libro. Quando credeva che le sue memorie fossero concluse, è capitato un evento inatteso, cioè papa Benedetto XVI, Joseph Ratzinger, il suo vecchio compagno di studi...

H.K.: Collega, non compagno di studi.

A.W.: Collega, chiedo scusa... si è dimesso ed è stato eletto papa Francesco. Proprio poiché sono successi dei fatti così sorprendenti, non rischia di perdersi anche ciò che ha sognato per tutta la vita, cioè che la Chiesa cattolica imbocchi la direzione da lei indicata?

H.K.: È già accaduto.

A.W.: Si tratta di un processo già concluso?

H.K.: No, no, è solo all'inizio. In effetti, avevo detto che mi sarei dovuto rassegnare alla situazione della Chiesa. In passato, tutte le volte che i giornalisti mi chiedevano: «Che cosa desidera ancora?», rispondevo che sognavo un cambiamento nella Chiesa, una svolta come quella cui si era assistito sotto Giovanni XXIII. Però mi ero messo l'animo in pace, convincendomi che non avrebbe avuto luogo durante la mia esistenza. Perché ormai il mio tempo era scaduto, per così dire, ed evidentemente il sistema era rimasto immutato. Poi è subentrato qualcosa che ci ha colti tutti di sorpresa: ora abbiamo un papa che ha adottato subito uno stile diverso, un'altra lingua, un nuovo abbigliamento e così via. Non si tratta di semplici apparenze, bensì di un mutamento di paradigma che chiedevo da tempo e che ora ha investito anche il papato. È questa la nuova situazione. Ed è un evento epocale. In tal senso, dunque, il cambiamento è già cominciato, e mi auguro solo che Francesco lo porti avanti. Ma spero ancora di poter dare un contributo.

A.W.: Lo considera capace di tanto? Crede che papa Francesco riuscirà a cambiare la Chiesa in modo che non si attiri più le sue critiche?

H.K.: Sì, anche se naturalmente so che è un'impresa titanica. Tuttavia stiamo parlando di un uomo che, essendo un gesuita, ha ricevuto una formazione ascetica. Come me, d'altronde. Anch'io sono stato educato dai gesuiti, sette anni a Roma, con la talare rossa.* Ovviamente si assorbe una certa visione della vita, ogni cosa si fa con consapevolezza, l'esame di coscienza eccetera. Francesco ha un'impostazione ascetica, dicevo. Di sicuro ha avuto un'educazione più teologica che tradizionale, ma sempre nell'ambito della teologia seria. Ha già dimostrato di essere capace di molte cose, con sorprendente disinvoltura. Dopo l'elezione – l'abbiamo visto in tv – si è presentato alla folla come se non avesse mai fatto altro in vita sua, salutando con un semplice «Buonasera».

* L'abito degli allievi del Collegium Germanicum et Ungaricum, il seminario pontificio presso il quale ha studiato Küng. (*N.d.T.*)

A.W.: Anch'io l'ho trovato fantastico.

H.K.: E ha anche subito assunto il controllo della banca vaticana, ha istituito una commissione per decidere se abolirla, riformarla o cos'altro. Ha messo mano all'amministrazione dello Stato vaticano e ha creato un'altra commissione contro la corruzione al suo interno. Di recente ha diramato un questionario per il Sinodo sulla famiglia. Ma ovviamente bisogna vedere se riuscirà a imporsi, per esempio contro il prefetto della Congregazione per la dottrina della fede, Gerhard Ludwig Müller, che ha pubblicato un articolo sul problema dei divorziati risposati e del loro accesso ai sacramenti. Le solite posizioni, secondo cui in tema di divorzio non si può far altro se non annullare – con estrema ipocrisia, mi permetto di aggiungere – matrimoni che, in sostanza, sono stati vissuti correttamente. Così non si va da nessuna parte, e viene naturale chiedersi se il papa terrà duro contro la resistenza della curia come all'epoca del Concilio Vaticano II. A quel tempo avevamo il cardinale Ottaviani, un pre-predecessore di Ratzinger e Müller, convinto di dover spiegare al pontefice e al concilio quale fosse la verità della fede. Già, i signori nel Palazzo del Sant'Uffizio sono arroganti fino a questo punto. Bisogna vedere se Francesco la spunterà o se gliela darà vinta. Non credo che si piegherà, ma non si sa mai.

A.W.: Vorrei tornare a Walter Jens, che ha già menzionato nel corso dell'intervista. Nel 1995 avete scritto un libro insieme, *Della dignità del morire*. In quelle pagine spiega cosa significhi staccarsi consapevolmente dalla vita quando, se ho ben capito, si soffre di malattie capaci di cambiare la personalità. È curioso, in realtà, che siate stati colpiti entrambi da patologie di questo genere. Jens dalla demenza vascolare e dall'Alzheimer, una forma ibrida tra i due, e lei dal Parkinson. Ha detto che Jens si è lasciato sfuggire il momento in cui avrebbe ancora potuto decidere liberamente quando congedarsi dall'esistenza terrena. Come mai è così sicuro che se lo sia lasciato sfuggire e che magari non volesse continuare a vivere? Solo in modo diverso. Con gli animali, con i bambini, in un modo un po' – o molto – più infantile di quello dello studioso Walter Jens?

H.K.: Sì, può darsi. Era semplicemente indeciso. L'ho frequentato regolarmente, gli ho fatto visita molte volte. Quando gli domandavo: «Come stai, Walter?», rispondeva: «Male. Malissimo». O qualcosa del genere. Non ha mai detto: «Sto bene». Ovviamente è possibile che fosse felice. Ci sono stadi della malattia in cui una persona è relativamente felice e non si riesce a capire cosa provi davvero. Con il tempo ci si rende conto che non si può più avere un legame intellettuale, ma solo emotivo. Una volta gli ho chiesto: «Vuoi un pezzettino di cioccolato?» e ha risposto di no. Poi ho scartato il cioccolato e ho portato un quadretto alla bocca, al che Walter me l'ha rubato e ne ha voluto subito un altro. Tutto ciò è molto tenero e dolce, ma io non voglio ridurmi così. È comprensibile, credo.

A.W.: Per una specie di ironia della storia, il suo avversario più accanito, papa Giovanni Paolo II, che nel 1979 le aveva revocato l'autorizzazione all'insegnamento, è stato colpito dal Parkinson come lei ed è anche morto di questa malattia. Non voglio dire che abbia ostentato la propria morte in pubblico, ma di sicuro non l'ha tenuta nascosta, il che ha consolato molte persone. Anche lei?

H.K.: Certo che no. Ho trovato irresponsabile permettere che, per così dire, la Chiesa fosse guidata dal segretario per il semplice fatto che il pontefice non era più in grado di assolvere il suo compito. Devo riconoscere che Joseph Ratzinger si è guadagnato il mio più profondo rispetto per non aver compiuto la stessa scelta. Aveva dichiarato per tempo che sarebbe stato pronto a ritirarsi se avesse capito di non essere più in grado di assolvere il suo compito. La sua decisione, perciò, non mi ha assolutamente stupito. Mi ha sorpreso solo il momento in cui è arrivata. Questo, tuttavia, è dipeso dalla situazione in Vaticano, dall'orribile storia dei casi di abusi che Ratzinger aveva ordinato di passare sotto silenzio quando era cardinale, convinto che la questione andasse gestita con la copertura del segreto pontificio. Inoltre è stato protagonista dello scandalo Vatileaks. Senza dubbio ha letto anche la relazione sullo stato della curia, redatta da due cardinali dopo l'inchiesta condotta da altri porporati. Dev'essere stato devastante. È comprensibile, dunque, che si sia dimesso. Tuttavia, lo ripeto, ho il massimo rispetto per questa decisione. Il papa non voleva esibire la propria morte anzitempo. Voleva dimostrare che era in suo potere ritirarsi, e così facendo ha reso un grande servizio alla Chiesa. Ha comprovato che il ministero petrino è un ministero umano: il Pietro storico ebbe notoriamente le debolezze e le indecisioni di un uomo. Il papa non è un vicedio sulla terra, come lo si è idealizzato spesso, bensì un uomo come tutti gli altri, mortale e, aggiungerei, forse anche un po' fallibile.

A.W.: Per lei è importante aver scelto di comportarsi in modo diverso dal suo avversario più accanito, Giovanni Paolo II?

H.K.: Certo che no. Io vado per la mia strada. Sarebbe ridicolo se volessi dare risalto a questo aspetto. Lui l'ha fatto, io no. Ciascuno deve decidere per sé. Chi desidera farsi riprendere in uno stato pietoso, faccia pure. Io non ne ho nessuna voglia.

A.W.: Sa bene che moltissime persone pendono dalle sue labbra, sperano di trovare in lei un'ispirazione, leggono i suoi libri. Sono contente che un cattolico abbia un atteggiamento critico nei confronti della Chiesa. Se la stanno ascoltando in questo momento, recepiscono che l'unica risposta dignitosa al morbo di Parkinson è il suicidio. In questo modo ritiene di aver assolto la sua responsabilità, anche come consigliere spirituale?

H.K.: Mi ha frainteso. Non dico che debba andare necessariamente così. Lo ribadisco: l'eutanasia è la scelta giusta *per me*. E vorrei solo prendere le difese di coloro che optano per questo passo. Nella Repubblica federale avvengono 10.000 suicidi l'anno. A mio parere si ripete da troppo tempo che il suicidio assistito non è lecito. Non pretendo di proporre un modello valido per tutti, ma voglio sia chiaro che nessuno dev'essere costretto a cercarsi chissà quale tipo di morte, come fanno le persone che si buttano da una finestra dell'ospedale perché non hanno ricevuto il minimo aiuto. Non voglio invertire i ruoli, signora Will, ma mi preme farle una domanda. Che cosa farebbe se ricevesse una lettera in cui qualcuno la prega di aiutarlo a morire? Non molto tempo fa mi è arrivata una richiesta di questo genere da una donna che soffriva da anni di una terribile malattia. Non può morire, i medici non l'aiutano. Come si comporterebbe in questo caso?

A.W.: Non lo so. È una domanda difficilissima.

H.K.: A chi lo dice! Quando ricevo lettere di questo tipo, mi chiedo cosa rispondere. Non posso consigliare al mittente di andare in Svizzera. Nel libro manifesto anche la mia contrarietà al fatto che si scarichi sugli svizzeri la colpa del turismo della morte, di cui la Germania è la sola responsabile. Sono i tedeschi a non essere in grado di promulgare leggi che rendano inutili i viaggi in cerca dell'eutanasia.

A.W.: Andrà a morire in Svizzera?

H.K.: Non ho ancora deciso. Posso scegliere. Sono rimasto cittadino svizzero, ma ho anche la residenza tedesca. Ho una casetta sul lago di Sempach, i posti sono tutti e due incantevoli, e posso morire dove preferisco.

A.W.: Dottor Küng, le auguriamo di vivere ancora a lungo e speriamo che il momento in cui deciderà di andarsene sia molto in là nel tempo.

H.K.: Grazie di cuore, signora Will.

A.W.: Grazie a lei per l'intervista.

Prime reazioni

In reazione all'ultimo capitolo delle mie memorie e all'intervista con Anne Will ho ricevuto moltissime lettere, che commentano in vario modo la mia concezione della morte liberamente scelta.

Un vecchio amico conosciuto in una università spagnola scrive:

«Ho letto con profonda commozione il capitolo 33, "La sera della vita". Capisco e condivido appieno tutto ciò che dici! Ho sempre avuto un'idea che forse giudicherai "strampalata": pensavo e penso, caro Hans, che le persone come te non dovrebbero mai morire. Poiché non è possibile, ti auguro quantomeno una vita lunga e priva di disturbi di salute. Ti penso spesso…».

Due donne disabili mi scrivono dalla Svizzera parole molto critiche:

«Lei è una "guida" per molti cristiani in cerca di

orientamento. Dunque ha una grande responsabilità, come riconosce lei stesso. Le sue considerazioni hanno delle conseguenze: le persone sofferenti o disabili si sentono sotto pressione, si vedono costrette a interrompere una fase essenziale della propria vita per non essere più di peso a chi li circonda. In parole povere, a ricorrere a Exit oppure al suicidio. Il suo atteggiamento nei confronti della sofferenza ci ha molto colpite, anzi rattristate, e ha messo di nuovo in discussione il nostro diritto all'esistenza».

Una suora che ha conseguito un dottorato di ricerca:

«Non mi permetto di giudicare la sua decisione personale, ma ritengo che dia un pessimo esempio come figura di spicco del movimento per un'etica mondiale, mettendo a repentaglio ciò che ha costruito in decenni di lavoro. Come fa a conciliare il messaggio a favore dell'eutanasia con il rispetto per la vita, con la capacità di generalizzazione del comportamento, con la corrispondenza tra diritti e doveri eccetera?».

Una psichiatra in pensione descrive come segue i suoi sentimenti contrastanti:

«Una volta superata l'ottantina, anch'io vorrei – se le condizioni fisiche, mentali e psicologiche me lo permettono – mettere fine alla mia vita in modo responsabile e volontario attraverso il suicidio assistito, con accanto persone che mi accompagnino in modo umano alla morte.

«Eppure, più il momento si avvicina, più è forte in

me la pulsione di vita, la volontà di vivere. Ho paura del non-essere, dell'incertezza e dell'ignoto dopo la dipartita. La mostruosità della morte scelta liberamente si profila minacciosa davanti all'anima.

«I sentimenti cambiano...».

La moglie di un parroco che, ai primi segni di demenza, ha deciso di morire a 77 anni con l'aiuto di Exit, scrive quanto segue:

«Sono felice che mio marito abbia potuto percorrere questa strada quando ancora era lucido, e sono contenta anche di aver avuto la possibilità di stargli accanto e di accompagnarlo verso la morte. Negli ultimi anni aveva assistito molte persone affette da demenza e i loro familiari, e mi aveva ripetuto spesso che, se fosse stato colpito da questa malattia, non avrebbe voluto vegetare con la mente ottenebrata. Quando è arrivata la diagnosi, l'ha accettata senza scomporsi e ben presto si è messo in contatto con il professor XY. Così è andato incontro a una morte serena e dignitosa».

Infine, una donna dalla Svizzera:

«Le scrivo perché il capitolo "La sera della vita" nel suo ultimo libro mi ha toccata in modo particolare; per esempio, a p. 1112 compare la magnifica frase: "Perché tu sei come l'inizio dell'inizio e il centro del centro come anche la fine della fine e il fine dei fini".

«Anch'io penso alla morte con ottimismo. Ho avuto la possibilità di accompagnare diverse persone fino alla soglia dell'aldilà. Ho lavorato con soggetti affetti da demenza nella casa di cura XY e ho offerto assistenza spirituale come ausiliaria nell'ospedale cantonale XY.

Anch'io, come lei, vorrei morire quando sarà il momento e il ciclo della vita si sarà compiuto. In questo contesto, il mio modello è una donna malata di demenza. Un giorno ha smesso di mangiare e poi anche di bere. È morta in pace e serenità nel giro di poche settimane».

Anche in seno alla stampa ci sono state molte reazioni, perlopiù favorevoli; il numero 4/2013 della rivista «Exit-Info», per esempio, ne riporta una breve rassegna (*Hans Küngs Bekenntnis erregt Aufsehen*, «La confessione di Hans Küng suscita scalpore»). Le prese di posizione di numerosi organi di stampa ecclesiastici testimoniano l'esistenza di un ampio spettro di opinioni anche tra i cristiani. Mi è tornato in mente un ricordo sgradevole: subito dopo la comparsa del terzo volume delle mie memorie, il portavoce della diocesi di Rottenburg-Stoccarda aveva dichiarato in tono categorico: «Küng parla per se stesso, non per la Chiesa cattolica». Ho risposto sullo «Spiegel»: «Una gerarchia ecclesiastica che si è sbagliata sulla contraccezione, sulla pillola e sulla fecondazione artificiale non dovrebbe commettere gli stessi errori con la fine della vita». L'«Evangelische Sonntags-Zeitung» (Francoforte, 20 ottobre 2013) ha reagito come segue alle affermazioni di Rottenburg: «Si auspica che le dichiarazioni della Chiesa non vengano interpretate come un segnale da altri cristiani. Infatti, per chi dovrebbe parlare una persona, se non per se stessa, quando l'argomento di discussione è la sua morte? Tanto più che Küng è un perfetto protestante cattolico: lungimiranza cattolica nel cuore, contraddizione protestante nella mente. A un grande erudito dotato di entrambi non può più capitare nulla sulla terra né in cielo. Non sempre si può dire lo stesso di una diocesi».

Udo Reiter, che per anni ha diretto Mitteldeutscher Rundfunk ed è paraplegico dal 1966 a causa di un incidente stradale, il 21 dicembre 2013 ha pubblicato un articolo nella «Süddeutsche Zeitung», intitolato *Mein Tod gehört mir* («La mia morte è solo mia»). Richiamandosi alla mia tesi, dichiara: «Sono inchiodato su una sedia a rotelle da 47 anni e ciononostante ho condotto una vita piena e decisa da me. Prima o poi finirà. Ma come? Non voglio ritrovarmi a essere una persona non autosufficiente che viene lavata, rasata e pulita da altri. Non voglio che mi nutrano attraverso le cannule né che mi tirino fuori gli escrementi con i guanti di gomma. Non voglio rimbambirmi e vegetare come un idiota, bonario o aggressivo che sia. E voglio decidere da solo quando arriverà il momento in cui non avrò più voglia di vivere, senza interferenze da parte di vescovi, presidenti di associazioni mediche o deputati del Bundestag. E quando l'avrò deciso, vorrei evitare di buttarmi sotto un treno o, come mi hanno consigliato in molti, di tenermi un sacchetto sulla testa fino a soffocare. Non voglio nemmeno andare in Svizzera e farmi uccidere in un parcheggio o in una camera d'albergo dal personale di Exit. Voglio restare a casa mia, dove ho vissuto e sono stato felice, e addormentarmi bevendo un buon cocktail, ma per farlo mi serve aiuto, possibilmente di natura medica».

Accade di continuo che i fautori del diritto all'autodeterminazione della propria morte siano accusati di avere un atteggiamento sbagliato e motivazioni ambigue. Riporto le parole di Nina Streeck nella «NZZ am Sonntag» (25 maggio 2014), riferite alla mia intervista con Anne Will: «L'idea che solo chi è in condizioni di prendersi cura di se stesso e di rendersi utile conduca un'esistenza gratificante e dignitosa... Nell'elogio all'autodeterminazione echeggia il disprezzo per la vita malata e fragile».

Sono stati proprio i travisamenti assurdi come questo a spingermi a tentare, nelle pagine seguenti, un chiarimento e un'analisi approfondita della mia visione. Il mio intento non è rispondere alle critiche con una polemica, bensì trovare un punto d'incontro tra le posizioni fondamentali.

Premio speciale Arthur Koestler 2013 della Società tedesca per una morte umana

1. Dall'encomio del professor Dieter Birnbacher, dottore honoris causa

«La dichiarazione di Hans Küng sull'ammissibilità etica dell'eutanasia – il filo conduttore dell'evento di oggi – affonda le radici, in ultima analisi, in una determinata concezione di Dio, capace di addurre ragioni alla fiducia nel Creatore. Se Dio vuole che l'uomo abbia fiducia in Lui non può impedirgli di disporre della propria vita qualora egli non veda altra via d'uscita da una sofferenza insopportabile. Un Dio che vietasse all'uomo di mettere fine alla propria esistenza quando essa lo grava insistentemente di fardelli troppo pesanti non sarebbe un Dio benevolo. Sarebbe un Dio tirannico, incline ad anteporre la rivendicazione del proprio potere al destino dell'uomo che confida in Lui. In realtà, l'immagine di un Dio assolutistico che, alla fine dell'esistenza, si riserva il diritto di decidere della vita e della morte ha, nel pensiero occidentale, una lunga tradizione, che risale all'antichità e che ha dominato a lungo non solo la teologia cristiana, ma anche la filosofia. John Locke, uno dei padri fondatori della democrazia moderna, era fermamente convinto che gli esseri umani fossero di proprietà di un sovrano assoluto e che, alla stregua di schiavi, dovessero cedergli il potere di vita e di morte. Hans Küng contrappone a questa immagine di Dio una semplice domanda: come può un Dio che ama le proprie creature costringere gli uomini a vivere nella sofferenza? Il dogma dell'inammissibilità della morte volontaria è, alla luce delle sue conseguenze, sostanzialmente disumano.

«*Della dignità del morire*, una delle pochissime prese di posizione della teologia cattolica a favore del diritto di autodeterminazione nell'ultimo periodo della vita, presenta molti dei pregi che contraddistinguono, nel loro complesso, la vita e le opere di Hans Küng. Tra questi mi preme sottolineare soprattutto l'umanità, l'integrazione di fede e ragione e la saggia scelta di evitare gli estremi a favore di una "via di mezzo" ben ponderata ed equilibrata. L'umanità emerge dai dubbi di Hans Küng sul pathos cristiano della sofferenza, che molti teologi mettono in campo non solo contro la visione transumanistica di una società "scevra dal dolore", ma anche e soprattutto contro il tentativo di aggirare possibili patimenti scegliendo deliberatamente di porre fine alla propria vita. Naturalmente, anche Hans Küng sa che la sofferenza nella vita delle persone non è evitabile in assouto. Speranze, sentimenti e legami profondi sono connessi in modo pressoché inscindibile al rischio di grandi pene. Senza sofferenza, è impossibile conoscere le dimensioni profonde della vita. Un'esistenza priva di sentimenti dolorosi come la tristezza, la preoccupazione, la compassione, l'angoscia, il rimorso e il senso di colpa sarebbe psicologicamente impoverita. In tutti questi casi, tuttavia, il più delle volte il dolore ha un senso ben preciso: la sofferenza è il prezzo da pagare per la perdita di beni d'importanza vitale o per drastici rovesci di fortuna. Questo senso viene a mancare in molte situazioni di sofferenza nell'ultima fase della vita; qui, la rivalutazione cristiana del dolore come imitazione di Cristo cade nel vuoto.

«La posizione che Küng assume riguardo all'eutanasia è davvero ciò che sostiene lui, ossia una "via di mezzo teologicamente responsabile"? Credo di sì. Da un lato, Hans Küng vincola l'ammissibilità dell'eutanasia a condizioni rigorose. Per esempio, esclude categoricamente il suicidio per semplice stanchezza nei confronti della vita e in assenza di malattie o infermità gravi. Pretende delle istanze di controllo mediche per impedire abusi. E lega l'autodeterminazione alla responsabilità verso gli altri. Come pochissimi pensatori che hanno sostenuto l'ammissibilità del suicidio in situazioni di sofferenza grave e irrimediabile, egli esige che chi opta per accorciare la propria vita si assuma una responsabilità sociale. Benché si tratti di una decisione personalissima, il diretto interessato deve tenere presenti le conseguenze che ne deriveranno per gli altri, ad esempio la sua famiglia. D'altra parte, Küng capisce che non si possono dettare in modo troppo restrittivo le condizioni in cui l'eutanasia è giustificabile. Il ricorso all'eutanasia è difendibile non solo nelle situazioni in cui la morte è prossima, come affermano molte voci cristiane, ma anche in quelle in cui infermità fisiche inguaribili – non mortali, ma gravi e dolorose – vengono percepite come insopportabili e dunque giustificano il ricorso all'eutanasia.»

2. *Dal discorso di ringraziamento di Hans Küng*

«Il conferimento del premio speciale Arthur Koestler 2013 mi riempie di gioia nonostante la certezza che, essendo un teologo cattolico, riceverò nuovamente critiche e accuse di ogni genere. Spero di sopravvivere...

«Ho accettato con convinzione questo riconoscimento perché rappresenta un'onorificenza speciale, in quanto mi viene assegnato non solo per il mio terzo volume di memorie con il suo capitolo "La sera della vita", ma anche per il lavoro svolto in tutta la mia carriera.

«Desidero anche cogliere l'occasione per chiarire brevemente la mia posizione:

- non difendo e non pianifico alcun suicidio; anche alla fine della vita si può parlare di omicidio solo se si mette fine a un'esistenza per motivazioni meschine o perfidia, e violando la volontà dell'interessato;

– mi assumo tuttavia la responsabilità della mia morte quando sarà tempo, responsabilità che nessuno potrà togliermi;
– ciononostante non intendo prendere subito congedo dalla vita, bensì solo al momento opportuno, che spero di riconoscere con l'aiuto della mia coscienza;
– a un ottantacinquenne come me Dio non manderà certo segni diretti dal cielo;
– il Signore, tuttavia, mi donerà, spero, la grazia di individuare il momento giusto; per me, giungerebbe al più tardi ai primi sintomi di demenza;
– che Dio abbia "disposto" per me una determinata ora non posso dedurlo dagli scritti biblici né motivarlo razionalmente;
– l'idea che una simile fine sarebbe "prematura" è un'opinione come tante;
– in nessun passo della Bibbia viene espressamente proibito il suicidio; anzi, a quelli di Abimelech, di Sansone e del re Saul è riservata una parziale approvazione.»

PER CHIARIRE E APPROFONDIRE

I. Esperienze chiave

Le esperienze personali possono lasciare un segno più duraturo delle conoscenze generali, per quanto profonde. Ciò vale soprattutto per le esperienze che si collocano sul confine tra la vita e la morte. A questo proposito, vorrei raccontare tre episodi legati a fasi diverse della mia esistenza – gli anni Cinquanta e Ottanta, e il primo decennio del XXI secolo –, senza i quali la mia posizione attuale riguardo all'eutanasia risulterebbe incomprensibile.

1. Mio fratello Georg

L'11 ottobre 1954, un giorno dopo la mia ordinazione sacerdotale, celebro la prima messa nelle grotte della basilica di San Pietro a Roma, in presenza dei miei genitori, delle mie cinque sorelle e di pochi amici. Mio fratello Georg, di 22 anni, è in leggero ritardo. È svenuto nel viaggio in autobus verso il Vaticano. Per sovraffaticamento ed esaurimento, si dice, ragion per cui ci convinciamo tutti a non prendere la cosa troppo sul serio. Dopo tre settimane di riposo presso alcuni nostri amici di Ferrara, viene accompagnato a Zurigo dal professor Krähenbühl, un'autorità mondiale in fatto di chirurgia cerebrale. Responso: *tumore al cervello tra cervelletto e tronco, non operabile*. Seguono altri ricoveri in ospedale con radio e chemioterapia – tutto inutile. Alla fine viene dichiarato incurabile, lui che era sempre così pieno di forze e di buonumore e che, per il suo lavoro in banca a Sursee e Parigi, era preparato al meglio per rilevare il negozio paterno. Il suo stato peggiora sempre più. Un arto dopo l'altro, un organo dopo l'altro perdono funzionalità. È un lento e terribile processo mortale: un appesantimento sempre maggiore di cuore, circolazione e respirazione che dura alcune settimane, mentre Georg è sempre cosciente. Infine, un forte ansimare per qualche giorno finché – quasi un anno esatto dopo il primo accesso – mio fratello soffoca per un aumento d'acqua nei polmoni. Come frase per il ricordo mortuario ho scelto un versetto dal libro della Sapienza (4,13): «Giunto in breve alla perfezione, ha conseguito la pienezza di tutta una vita».

E tuttavia: era proprio necessario? È davvero questa morte «data da Dio», da Lui «disposta»? È quel che mi chiedo. No, l'uomo non deve incondizionatamente prendere tutto ciò che accade «con sottomissione a» Dio, come fino in fondo «voluto da Lui» o addirittura «a Lui gradito». Questa convinzione si rinsalderà in me nel corso dei decenni. E anche la certezza assoluta di non voler morire come mio fratello. Non voglio nemmeno che altre persone si spengano così (cfr. *Una battaglia lunga una vita*, pp. 109 ss.).

2. Le esperienze ai confini della morte: Elisabeth Kübler-Ross

Il morire, la morte e ciò che viene dopo. Per la ricerca scientifica e per me personalmente, questa tematica è legata al nome della docente svizzera di psichiatria Elisabeth Kübler-Ross (1926-2004), poi trasferitasi a Escondido, in California. Le sue ricerche, raccolte nel volume *La morte e il morire* (1969; trad it. Cittadella, Assisi 1976) e basate sulle testimonianze di oltre 2.000 pazienti in fin di vita, hanno suscitato clamore in tutto il mondo. È stata la prima a individuare cinque stadi – spesso sovrapposti – lungo il cammino verso la morte: rifiuto, poi rabbia, contrattazione, depressione e infine accettazione. In seguito si è occupata attivamente delle esperienze ai confini della morte. Anche altri autori come Raymond A. Moody ed Eckart Wiesenhütter raccontano le esperienze di persone annegate, assiderate e precipitate che poi sono tornate in vita. Esperienze di individui, dunque, che sono stati dichiarati clinicamente morti e che riferiscono episodi molto simili: l'uscita dal corpo, la percezione di luci e di voci eccetera.

Il 7 maggio 1981 durante la mia prima lezione dello Studium generale intitolata «Vita eterna?», sono restio a esprimere un giudizio su questi fenomeni, documentati da testimonianze affidabili su più fronti. Non li nego ma cerco di interpretarli. Tuttavia, fatti analoghi sono osservabili anche in altre condizioni psichiche particolari, per esempio il sogno, la schizofrenia o l'assunzione di allucinogeni come l'LSD o la mescalina. Allo stesso tempo, queste esperienze positive vengono ridimensionate da episodi spaventosi e angoscianti, come nel caso delle intossicazioni. A ogni modo, forse è possibile spiegarli dal punto di vista puramente scientifico e medico, per esempio come meccanismi di difesa psicologici del cervello e come reazioni del sistema nervoso centrale, una specie di ultimo «respiro di ricambio» del cervello moribondo.

Preferisco astenermi dal giudicare i dettagli scientifici. Per la mia analisi teologica è determinante il fatto che nessuno degli individui «clinicamente morti» abbia vissuto il decesso biologico, la perdita irreversibile delle funzioni vitali e la decomposizione degli organi e dei tessuti. In altre parole, queste persone hanno vissuto la morte come conclusione definitiva della vita solo «quasi» ma «non realmente». Si sono avvicinate alla soglia della morte, ma non l'hanno varcata. Questi episodi occupano gli ultimi minuti o secondi *prima della morte*, ma non dimostrano l'esistenza di una vita *dopo la morte*. Tuttavia fanno riflettere. La loro denominazione precisa è *esperienze di premorte.*

Su questo punto non sono d'accordo con Elisabeth Kübler-Ross, che vorrebbe vedere nelle esperienze di premorte la prova di una vita dopo il decesso. Ciò non mi impedisce però di invitarla all'Università di Tubinga il 30 maggio 1983 per una lezione, cosa che posso fare senza dover chiedere l'autorizzazione a nessuno, perché sono il direttore dell'Istituto per la ricerca ecumenica, che ormai è indipendente dalla facoltà. Al mio posto, nessun'altra facoltà di medicina o di teologia avrebbe preso un'iniziativa così audace. Per i medici, la Kübler-Ross è troppo poco «scientifica» e costringe a prendere posizione su una questione di fede. Per i teologi, invece, è troppo empirica e troppo poco «teologica».

Ciononostante il prof. Walter Frommhold, direttore della clinica radiologica universitaria, è disposto a partecipare alla discussione insieme a me. L'afflusso di pubblico è incredibile. Quando saliamo la grande scalinata del salone delle feste, ci vengono incontro enormi masse di persone, tanto che chiedo a qualcuno quale lezione abbia avuto luogo. «Volevamo andare nel salone delle feste o nell'aula magna per ascoltare la signora Kübler-Ross, ma è tutto pieno» mi rispondono. Le spiegazioni dell'oratrice, che questa volta prendono spunto dai disegni infantili, sono istruttive e sorprendenti. Il dibattito, però, diventa difficoltoso. Le obiezioni del radiologo vengono accolte dai sostenitori della Kübler-Ross con commenti indispettiti. In ogni caso, la serata si rivela un'esperienza cruciale e dà un notevole contributo alla discussione.

L'inverno successivo, quando la televisione svizzera mi invita a una «chiacchierata di Capodanno» della durata di 45 minuti con Elisabeth Kübler-Ross per il 19 dicembre 1982, interrompo le vacanze di Natale a Lech e vado a Zurigo (cfr. *La mia battaglia per la libertà*, pp. 1057 ss.). In quella sede, non assecondo tuttavia la richiesta della presentatrice, che mi suggerisce di «mettere alle strette» la studiosa. Ribadisco chiaramente che a mio avviso non è opportuno scorgere nelle esperienze di premorte la prova dell'esistenza di una vita eterna, ma non mi sembra affatto corretto fare il terzo grado, come un avvocato, a questa donna modesta e altruista, soprattutto in considerazione di tutti i successi che ha collezionato. È bene che il pubblico ascolti le mie controargomentazioni ma che alla fine decida da solo. Per me, come teologo, è importante soprattutto che si continui a discutere del morire e della morte. Il critico della «Berner Zeitung» (6 gennaio 1983) parla di un «grande momento»: «Un confronto straordinariamente serio, condotto in modo assai personale, con profonda umanità».

3. L'amico perduto: Walter Jens

Con il mio collega e amico di Tubinga Walter Jens, letterato di fama, parlavo spesso della nostra morte. Insieme, come ho già accennato nell'intervista, nel semestre estivo del 1994, nell'ambito dello Studium generale dell'università, abbiamo organizzato una doppia lezione intitolata «Morire con dignità: una difesa della libera scelta».

Sorprendentemente, tuttavia, dieci anni dopo si verifica una svolta drammatica nello stato di salute di Walter Jens. A partire dal 2004, a causa di un'angiopatia cerebrale – ossia una malattia dei vasi sanguigni del cervello –, cade in una condizione di demenza che, come il morbo di Alzheimer, peggiora rapidamente. Una situazione pressoché insostenibile soprattutto per la moglie Inge, con cui è felicemente sposato da 57 anni. Quando la malattia gli ruba la capacità di ricordare, di ragionare e di parlare, suo figlio, un giornalista, scrive un commovente articolo per la «Frankfurter Allgemeine Zeitung», in cui spiega quanto siano terribili gli effetti di questa patologia. Senza argomentazioni convincenti, ne imputa addirittura la comparsa al fatto che suo padre abbia voluto rimuovere il periodo in cui, a 19 anni, verso la fine della guerra, aveva aderito al partito nazionalsocialista (per questa problematica cfr. il libro di Malte Herwig, *Die Flakhelfer*, DVA, München 2013, sui giovanissimi membri del Partito nazista divenuti poi democratici di punta della Germania). Poiché, essendo svizzero, mi sono risparmiato gli orrori della guerra e del nazismo, preferisco non esprimere giudizi sulle motivazioni dei miei coetanei (Hans-Dietrich Genscher, Günter Grass, Dieter Hildebrandt, Walter Jens, Walter Scheel, Martin Walser eccetera).

Sgomento, faccio visita a Walter Jens il 7 marzo 2008, giorno del suo 85° compleanno, insieme a Karl-Josef

Kuschel, che per l'occasione gli regala il suo libro *Walter Jens, Literat und Protestant*, in cui presenta per la prima volta la produzione letterario-teologica di Jens inserendola nel giusto contesto. Una fotografia che ci è stata scattata in quell'occasione mostra Jens in condizioni dignitose, con un sorriso riconoscente. È così che dovremmo ricordare questo grande retore, ormai messo a tacere definitivamente nel 2013.

La moglie Inge, una filologa famosa soprattutto per l'accuratissima edizione dei diari di Thomas Mann, ancora nel 2003 aveva pubblicato con lui il best-seller *Frau Thomas Mann*. Per accontentare l'opinione pubblica che vuole sapere la verità, ha il coraggio di rilasciare un'intervista sulle condizioni di Walter, suscitando profonda commozione in molti lettori con la sua sincerità e la sua umanità piena di tatto: «L'uomo che amavo non c'è più...». Inge, che ha 81 anni, spiega come sia stata costretta ad assistere al lento «svanire» di suo marito in un mondo cui lei riesce ad accedere di rado, se non addirittura mai: «La mente se n'è andata, ma la sensibilità esiste ancora; è spaventoso. Non l'avrei mai creduto possibile».

Pur essendo un visitatore abituale, posso solo immaginare quanto sia difficile la vita di tutti i giorni con i malati di demenza. Nemmeno gli ultimi film sull'argomento osano mostrare le conseguenze più spaventose di questo disturbo (ciò è indubbiamente un punto a loro favore). Anche il morbo di Alzheimer è tutt'altro che innocuo, perché può distruggere totalmente l'individuo sul piano psichico e fisico e mettere a dura prova i familiari per anni. Lo ribadisco nel libro *Della dignità del morire* ricorrendo a una citazione del famoso chirurgo Sherwin B. Nuland, che ripeto nel capitolo III di questo volume. Secondo i dati della Deutsche Alzheimer Gesellschaft, nel 2012 c'erano 1,3 milioni di malati di Alzheimer solo in Germania.

Quando la interrogo sulla possibilità dell'eutanasia, Inge Jens ribatte: «Riusciresti a ucciderlo in questo preciso istante?». «No, non si può.» Chi sono io per decidere? Avrebbe dovuto farlo Walter nella fase iniziale della malattia. Così ora sua moglie è costretta a osservare: «Sì, ha ripetuto per anni che voleva decidere liberamente della fine della propria vita, ma si è lasciato letteralmente sfuggire il momento giusto». Poi aggiunge: «Prego che un mattino non si svegli più. Se posso esprimere un desiderio, è che possa morire di infarto, di ictus o di qualunque altra cosa lo uccida rapidamente, senza che se ne accorga». Torno a trovare Walter la sera prima del suo 90° compleanno (6 marzo 2013). Sono già passati dieci anni dalla comparsa della demenza. È deprimente. «Non possiamo guardare nella sua testa, e da anni non è più in grado di dirci cosa gli passa per la mente. Per chi l'osserva dall'esterno è una vita triste. Posso solo sperare che per lui lo sia un po' meno» commenta Inge.

Così vedo di persona cosa accade a migliaia e migliaia di pazienti in tutto il mondo. Ma devo anche chiedermi dove Walter Jens avrebbe trovato, in Germania, un medico che potesse aiutarlo a morire. Sarebbe dovuto andare in Svizzera e rivolgersi a un'organizzazione specializzata in eutanasia. A volte mi infurio quando leggo sui giornali i pretesti e le affermazioni errate di medici, giuristi ed ecclesiastici che intralciano un'accurata regolamentazione legale di questa situazione insostenibile. Dopotutto, esistono innumerevoli casi di persone che sono stanche di vivere, anche in luoghi dove l'assistenza umana e la medicina palliativa non mancano. «È terribile... Vorrei morire.» Durante le mie visite ho udito più volte queste parole dalle labbra di Walter Jens. Purtroppo non c'è nessuno che lo aiuti. «Mio Dio, perché mi hai abbandonato...» (cfr. *Una battaglia lunga una vita*, pp. 1064 ss.).

Allo stesso tempo, però, sento di un medico che ha acquistato qua e là farmaci letali per sua madre, che soffriva da anni e che chiedeva continuamente la morte, nella speranza di regalarle una fine tranquilla. Come molte altre iniziative in questo campo, una decisione illegale ma moralmente legittima. Mi sento assalire dalla tristezza quando, nel luglio del 2012, apprendo che una donna di 72 anni, affetta da un tumore del pancreas in fase terminale, è stata ricoverata nel reparto di medicina palliativa dell'ospedale e alle quattro del mattino si è dovuta buttare dalla finestra per avere finalmente la possibilità di morire. Negare l'eutanasia, mi domando, non è forse un abuso nei confronti del moribondo quanto spingerlo verso la morte?

A questo punto ho descritto le mie tre esperienze

chiave e chiarito la mia posizione nei confronti della morte e dell'eutanasia, che nelle pagine seguenti sarà analizzata, sfumata e motivata attraverso una serie di argomentazioni di stampo filosofico-giuridico e spirituale-religioso. Inizierò con l'esposizione sintetica di alcune regole fondamentali, estremamente importanti per prendere decisioni nei casi specifici.

II. Norme di etica della medicina

1. Per un'etica dell'umanità

In campo medico vale, in linea di massima, la stessa morale applicabile agli altri ambiti della vita, per esempio la politica, l'economia, la cultura, l'educazione. Esistono alcune regole etiche elementari valide per tutti gli uomini e le istituzioni. In particolare, c'è un primo principio fondamentale dell'etica che, se deve avere validità universale, va formulato in termini assolutamente generali. L'unica versione possibile è dunque: «Ogni uomo deve essere trattato in maniera umana». Questo principio fondamentale dell'umanità costituisce la base della *Dichiarazione per un'etica mondiale* del 1993, già menzionata nella premessa. Le parole «ogni uomo» vanno intese in modo categorico: uomo *e* donna, bianco *e* nero, ricco *e* povero, giovane *e* vecchio, sano *e* malato. Al principio etico dell'umanità fa eco l'articolo 1 della Costituzione della Repubblica federale tedesca: «La dignità dell'uomo è intangibile. È dovere di ogni potere statale rispettarla e proteggerla».

Ma cosa vuol dire «umano»? La definizione in negativo appare subito chiara: «umano» significa quantomeno non disumano, non bestiale. Siamo tutti d'accordo nell'affermare che è disumano torturare i prigionieri, abusare di bambini e ragazzi, ma anche utilizzare le persone come semplice mezzo allo scopo di effettuare esperimenti medici o biologici.

La parola «umano», tuttavia, si può definire anche in senso positivo. In *Progetto per un'etica mondiale* (1990; trad. it. Rizzoli, Milano 1991) l'ho parafrasata come segue: «L'uomo deve diventare più di quello che è: *deve diventare più umano.* Buono per l'uomo è ciò che gli permette di conservare, promuovere e portare a compimento il proprio essere uomo – e in maniera diversa da come è finora avvenuto» (p. 50). Oggi il medico è nella posizione invidiabile di poter aiutare molte più persone che in passato, anche tra i malati terminali.

In ambito morale vale dunque la seguente norma: l'uomo deve comportarsi in maniera veramente umana. Questo primo principio fondamentale dell'umanità viene chiarito e circoscritto dal *principio etico fondamentale della reciprocità*, esplicitato anche dal proverbio: «Non fare agli altri quello che non vuoi che gli altri facciano a te». Naturalmente, questa «regola aurea» non è una ricetta per soluzioni morali di comodo ai problemi di etica medica, ma può fungere da linea guida per il comportamento di medici, paramedici e familiari, un comportamento che può essere spiegato in termini ancora più espliciti.

2. Quale dovrebbe essere la norma fondamentale della condotta medica?

Il principio fondamentale universalmente riconosciuto per la condotta medica è: *Salus aegroti suprema lex*, ossia «Il benessere del malato è legge suprema». La dichiarazione di Ginevra dell'Associazione medica mondiale vincola il medico con queste parole: *The health of my patient will be my first consideration*, cioè «La salute dei miei pazienti sarà la mia prima preoccupazione». E il Codice internazionale di deontologia medica rincara: *A physician shall act in the patient's best interest when providing medical care*, ossia «Nell'esercizio delle sue funzioni, il medico agirà nel miglior interesse del paziente».

Questa si può considerare un'applicazione pratica del summenzionato principio fondamentale di un'etica comune dell'umanità: «Ogni uomo, sia egli sano o malato, va trattato in maniera umana e non disumana». La norma fondamentale della condotta medica dev'essere un'*umanità premurosa*, fino al momento del decesso.

3. Che cosa significa umanità premurosa per gli uomini di oggi?

È palese che l'individuo, e dunque anche il medico, non si comporta in maniera veramente umana in tutte le situazioni. Perché? L'essere umano, ormai è fuor di dubbio, proviene dal regno animale, perciò dal punto di vista evolutivo è un essere insieme razionale e pulsionale. Nemmeno durante il trattamento medico, pertanto, egli va inteso in senso materialistico come corpo privo di mente, o in senso idealistico come mente capace di dominare il corpo. Occorre invece intenderlo e curarlo come persona, come un tutt'uno psicosomatico di mente e corpo, considerando l'organismo e la psiche nella loro totalità.

La conseguenza per il *paziente* è che l'uomo conserva il proprio valore anche quando è invalido o malato – persino nei casi di malattia grave o terminale – benché non possa più produrre alcuna «prestazione». Ogni vita umana è utile e continua a essere tale, e ogni uomo, anche il povero, il malato e il vecchio, ha diritto a un'assistenza adeguata. Fargli pressione perché metta fine a una vita apparentemente «inutile» o «gravosa» è segno di disumanità, è una barbarie,una vergogna.

Il *medico*, tuttavia, non deve mai limitarsi a curare le malattie che l'individuo *ha*, bensì deve occuparsi dell'individuo che *è* malato. Certo, ogni terapia deve poggiare sulla competenza patofisiologica, sull'esperienza e sulla prognosi, ma allo stesso tempo deve orientarsi anche sulla base di norme etiche. La medicina tecnologicamente avanzata, basata sull'impiego di apparecchiature sofisticate, non può sfociare nell'isolamento del malato, e la clinica perfetta non può diventare un semplice centro servizi per un'ottimale assistenza biochimica. Occorre mettere freno all'assenza di comunicazione negli ambulatori, alla spersonalizzazione negli ospedali e al dominio onnipresente delle macchine, ponendo la persona umana al centro.

Il compito del medico, tuttavia, non può essere limitato a curare e mantenere in vita il paziente. Anche quando questi obiettivi non sono più raggiungibili, egli dovrebbe accompagnare il malato verso una «buona morte», alleviando il più possibile il dolore e la sofferenza e alimentando la speranza di una dipartita tranquilla. Sono soprattutto i medici, però, a rivolgere un'altra domanda al *teologo*.

4. L'umanità non si può forse praticare anche senza religione?

Assolutamente sì. L'umanità è un principio universale che vale sia per i credenti sia per i non credenti. Nella storia, e questo è un fatto innegabile, proprio gli individui il cui umanesimo non ha radici religiose hanno dato prova di un enorme impegno a favore di una maggiore umanità. È risaputo, invece, che la *religione non illuminata* è sfociata non di rado nella disumanità, ricercando la causa della malattia nei demoni o in Satana, nel peccato originale, nella colpa personale o addirittura nel castigo divino, ma spesso anche nella rassegnazione devota, nel fatalismo edulcorato dagli insegnamenti cristiani, nella rinuncia alla medicina o ai farmaci dettata da credenze religiose. Anche oggi, in tutte le religioni, si osserva di frequente una regressione a pratiche mediche superstiziose, alla magia, all'occultismo e ai tabù.

È evidente, però, che non solo la religione non illuminata, ma anche l'*areligiosità* illuminata o la *pseudoreligione* apparentemente illuminata possono condurre alla disumanità. In questo ambito, anche i medici svolgono un ruolo tutt'altro che secondario. Mi riferisco agli esperimenti sugli esseri umani e ai programmi di eutanasia del nazionalsocialismo, ai test giapponesi sui prigionieri di guerra e infine a determinati programmi di ricerca sulle persone e sul patrimonio genetico umano negli Stati Uniti.

Ovviamente, questa conclusione non sottintende l'esortazione a fare un bilancio tra le innumerevoli vittime dell'Inquisizione e delle guerre religiose da una parte e i milioni di vittime delle moderne ideologie atee dall'altra. Anche in questo caso, infatti, preferisco invitare tutti a riflettere sulle proprie mancanze prima di parlare degli altri, ossia a unire la critica e l'autocritica. È in questo quadro che si inserisce un nuovo quesito.

5. La religione può essere la base di una medicina dell'umanità?

In effetti, la *religione illuminata* può offrire un fondamento convincente all'umanità ancorandola a una realtà prima e ultima che trascende l'essere umano. Ciò consente alla medicina una *riflessione multidimensionale* che non sia solo di carattere scientifico-tecnologico, ma che abbia anche una connotazione globale. È un approccio più adatto all'uomo perché prende in considerazione allo stesso tempo i punti di vista della scientificità, della legalità e della morale. Non bisogna aspirare a una medicina religiosa, bensì a una medicina fondata su principi etici e aperta alla religione, che non accantoni le dimensioni profonde della realtà, ma includa con fermezza nella riflessione medica anche gli interrogativi fondamentali dell'esistenza umana e dell'*homo patiens*, l'individuo sofferente. Questo orientamento riguarda in particolare la questione della morte e della vita dopo la morte.

Proviamo a ragionare: se esiste il Dio annunciato da Gesù di Nazaret, propenso ad allacciare con l'uomo una nuova relazione totalizzante nella morte, quando tutti gli altri legami con le persone e le cose si spezzano, esisterebbe una base solida per avere fiducia nella vita: l'individuo, così, è in grado non solo di vivere con dignità, ma anche di morire con dignità.

Per il *malato* ciò implica, infatti, che egli non è più costretto ad aggrapparsi con timore alla vita come se fosse l'ultima, bensì può abbandonarsi a questa realtà prima e ultima con grande libertà, tranquillità e conforto. La battaglia per la salute può essere ragionevole, certo, ma la battaglia a ogni costo contro la morte – un aiuto che si trasforma in tormento – non ha alcun senso. In una determinata situazione può essere utile solo la preghiera, un ultimo gesto di abbandono, ispirato dalla fiducia.

Accade così che il *medico* non veda più nella morte un acerrimo nemico da evitare quando non è più in grado di combatterlo. Egli, piuttosto, acquista la capacità di accompagnare il moribondo sino alla fine: non se ne va proprio quando la morte sta per arrivare.

Oppure è una pretesa eccessiva? Un ideale troppo ambizioso? Comunque, l'umanità dovrebbe essere il principio guida costante della medicina, da applicare sino all'ultimo: una prestazione medica che non grava sulle casse del servizio sanitario nazionale né sulle tasche del paziente, ma che è più preziosa di molti farmaci costosi. Il compito e l'importanza del medico sono, in ogni caso, molto più determinanti di quanto si ritenga comunemente.

6. *Eutanasia ed etica mondiale*

Lo ribadisco anche se l'ho già precisato nella premessa: il mio impegno a favore dell'eutanasia è una questione personale, di cui non va attribuito il merito o il demerito né alla Fondazione per un'etica mondiale né all'Istituto per un'etica mondiale. Sono convinto, tuttavia, di parlare a nome di molte persone che cercano un aiuto responsabile per andare incontro alla morte. Discuteremo in un altro capitolo di quale sia la forma di eutanasia moralmente responsabile. Una cosa è certa, però: non è accettabile un'eutanasia che violi i principi fondamentali dell'etica mondiale. È necessario rispettare sia la regola dell'umanità sia la regola aurea della reciprocità e subordinare ogni cosa al rispetto per la vita. Quasi tutti disprezzerebbero un'eutanasia che giudicano disumana o addirittura bestiale. A questo proposito, l'etica mondiale crea il contesto morale per un'eutanasia responsabile, che in senso lato è anche un «aiuto a morire bene».

III. L'impegno per una morte dignitosa

1. Utilità e limiti della medicina palliativa

La medicina palliativa (dal latino *pallium*, ossia «mantello»), che ha fatto notevoli progressi, costituisce un aiuto prezioso e va sfruttata appieno per alleviare il dolore, ma anche la paura, l'inquietudine, l'insufficienza respiratoria e altri sintomi fastidiosi. La terapia del dolore può rendere sopportabile lo stadio finale per molti malati incurabili, ma l'«avvolgimento» farmacologico non è sempre la risposta al desiderio di morte. Non sempre, infatti, è possibile alleviare il dolore di coloro che soffrono maggiormente. A ciò va poi aggiunto il fatto che alcune persone vogliono morire pur non essendo afflitte da sofferenze intollerabili. Occorre quindi prendere in considerazione diversi punti di vista.

a) Il potenziamento e la diffusione capillare dell'assistenza mediante la terapia del dolore e la medicina palliativa sono assolutamente necessari. Sono auspicabili la creazione di nuove cattedre e l'avviamento obbligatorio degli studenti di medicina ai metodi palliativi. Oggi, per fortuna, vedono la luce sempre più iniziative pionieristiche come il «progetto di Tubinga», che, fondato nel 1991, è stato il primo servizio ambulante di medicina palliativa sul territorio tedesco. Questa forma di assistenza vanta una lunga tradizione anche nella clinica di medicina tropicale Paul-Lechler-Krankenhaus anch'essa a Tubinga. Dal 2007 esiste un'unità con sei letti e, grazie alla collaborazione con la clinica universitaria della città, dal 2014 anche un reparto autonomo che, con dieci letti, cerca di offrire una buona qualità di vita a pazienti molto anziani, gravemente malati e incurabili (in particolare, quelli colpiti dal cancro) attraverso una speciale assistenza medico-psicologica. La realizzazione di progetti di vasta portata, tuttavia, richiede anni, se non addirittura decenni.

b) È inopportuno contrapporre la medicina palliativa e l'eutanasia. Non si tratta, infatti, di due fenomeni concorrenti. Ogni anno, in Germania, muoiono più di 800.000 persone. Moltissime si sparano, si buttano sotto un treno o si lanciano giù da un palazzo, andando incontro a una morte violenta e indegna che, in molti casi, si sarebbe potuta evitare con un'accurata prevenzione del suicidio. Naturalmente, l'eutanasia e la medicina palliativa rappresentano un problema di mentalità con cui anche i medici devono fare i conti. Essi dovrebbero poter parlare apertamente con i pazienti dei loro pensieri suicidi senza temere conseguenze legali qualora non intraprendano misure (perlopiù coercitive) per impedire che si traducano in realtà.

c) Anche l'ampia gamma di misure della moderna terapia del dolore allevia, in alcuni casi, solo «gran parte» della sofferenza, a meno di togliere la vigilanza al paziente e privarlo della volontà e della coscienza. I desideri di morte vanno presi sul serio, dunque. Anche gli specialisti della terapia del dolore ammettono che a volte le sofferenze non sono trattabili; il personale delle case di cura riferisce esperienze analoghe. In base alle attuali conoscenze mediche, per esempio, non è possibile alleviare «in gran parte» i dolori di tutti i moribondi affetti da un cancro.
Esistono tuttavia anche casi lampanti. «Ho 69 anni e non sono demente. Però soffro di fortissimi dolori a causa di cicatrici postoperatorie interne e di alcuni disturbi nervosi. Per contrastarli devo assumere ogni giorno elevate dosi di farmaci, tra cui anche anestetici. È difficile immaginare cosa significhi avere dolori così atroci nonostante l'uso di presunti antidolorifici. I cosiddetti trattamenti di medicina palliativa per alleviare dolori insopportabili possono anche essere una fregatura. Anche i pazienti fisicamente sani ma colpiti da demenza possono essere assaliti da dolori cronici (senza però potersi esprimere in merito). Ho conosciuto molte situazioni di questo tipo quando facevo l'infermiera in un reparto di psichiatria geriatrica» (C.S. Übelhart, in «Exit-Info», 4, 2013).

d) A motivare il desiderio di morte non sono soltanto i dolori fisici insopportabili, ma anche la perdita penosa e permanente della dignità personale e del senso della vita, oppure la mancanza di una prospettiva di miglioramento. Si sente parlare molto spesso di pazienti che, dopo la dimissione da un reparto di medicina palliativa, si sono suicidati oppure sono andati in Svizzera per farsi aiutare a farlo, benché i dolori fossero spariti. Quando un individuo chiede l'eutanasia, la sofferenza che giudica intollerabile non può essere conseguenza di una malattia psichica guaribile. Il desiderio di morte può essere accompagnato dalla depressione, ma bisogna escludere che quest'ultima ne sia la causa. Molti pensano all'eutanasia attiva o al suicidio assistito quando non sono più in grado di svolgere autonomamente azioni come mangiare, respirare e andare in bagno.
e) L'esigenza di suicidio medico-assistito da parte dei malati gravi è testimoniata da uno studio dell'Istituto di etica della medicina dell'università Ludwig Maximilian a Monaco, effettuato nel gennaio 2014 (e diffuso dal dottor Ulrich Neumann, redattore dell'ARD). Su 66 pazienti paralizzati dalla SLA (una malattia degenerativa del sistema nervoso motorio, caratterizzata da debolezza e atrofia muscolare), quasi la metà (42 per cento) ammette di aver pensato al suicidio. Il 50 per cento vorrebbe poter chiedere aiuto al proprio medico per congedarsi dalla vita. Allo stesso tempo, le interviste ai pazienti dimostrano che quasi

nessuno osa affrontare l'argomento. «Si deduce che il dialogo sul suicidio è un tabù nel rapporto tra medico e paziente» osserva il responsabile dello studio, il dottor Ralf Jox. Il divieto rigoroso dell'eutanasia non è corretto nei confronti dei malati, aggiunge, e spera in una regolamentazione con controlli e condizioni generali chiare, che consenta ai medici di praticarla. «Una simile regolamentazione potrebbe non solo garantire la certezza del diritto, ma anche tenere in seria considerazione le preoccupazioni e le paure dei pazienti, la loro autonomia» dichiara.
Secondo un comunicato dell'agenzia stampa DPA del maggio del 2012, il 66 per cento dei tedeschi sarebbe favorevole all'«eutanasia attiva» qualora il destino gli infliggesse una malattia incurabile. Un sondaggio della FORSA, condotto nell'agosto del 2012 per incarico della Società tedesca per una morte umana, rivela che il 77 per cento degli interpellati auspica di poter scegliere liberamente di morire con l'assistenza di personale medico nel proprio Paese, senza la necessità di andare in Svizzera.
Anche negli Stati Uniti, secondo un rapporto stilato nel 2013 dall'autorevole Pew Research Center, il 62 per cento degli intervistati considera il suicidio un «diritto morale» quando l'individuo è afflitto da dolori insopportabili, senza speranza di miglioramento. Inoltre, il 47 per cento degli adulti negli USA sarebbe favorevole a leggi che consentissero il suicidio assistito da medici.

2. *Un sì al movimento Hospice*

L'eutanasia non va contrapposta neppure all'apprezzabile movimento Hospice.

a) Proprio perché l'uomo è uomo e resta tale sino alla fine, anche quando è malato terminale (se ne attende la morte in un tempo determinato) o moribondo (la morte è imminente), ha diritto non solo a una vita adeguata alla dignità della propria persona, ma anche a un commiato dignitoso dall'esistenza. Il movimento Hospice, che pone al centro non gli interventi medici finalizzati alla guarigione, bensì l'assistenza al malato attraverso il dialogo e le iniziative volte a garantirgli una morte dignitosa, merita il sostegno morale e pratico della società.
Per questa ragione sono stato lieto di scrivere la prefazione al libro della fotografa Anna-Lisa Lange di Stoccarda, *Brücken der Meschlichkeit* («Ponti di umanità»), nel quadro del progetto «Vivere e morire in ospizio». Armata di macchina fotografica, ha viaggiato per un anno con il collega Johannes Wosilat per immortalare – a casa, negli *hospice*, in ospedale, nelle case di riposo – i malati inguaribili che scelgono il suicidio e le persone che stanno loro accanto e li assistono. Il risultato? Immagini tristi ma anche allegre. Non solo la morte stabilita dalla natura, dunque, ma anche i momenti felici. In questo modo si fanno conoscere sia gli aspetti difficili della dipartita, sia quelli più leggeri.

Ci serve assolutamente un maggior numero di *hospice*. Per fortuna, oltre a quelli fissi, esistono sempre più *hospice* itineranti e soprattutto infermiere e dottoresse che, dopo un'idonea preparazione, visitano i malati a domicilio. Naturalmente, se i pazienti lo desiderano o hanno dato disposizioni in tal senso, occorre adottare tutte le misure mediche ragionevoli finalizzate a mantenerli in vita.

b) A volte, tuttavia, si priva l'individuo del diritto a una morte dignitosa collegandolo a macchinari o somministrandogli farmaci. Non deve accadere che il processo che porta alla morte degeneri in uno stato vegetativo di mesi o anni, favorito da tecniche di «sedazione» farmacologica o dall'apporto artificiale di sostanze nutritive e liquidi (nei casi di coma vigile, per esempio). Per fortuna sono sempre più numerosi gli ospedali che propongono servizi di medicina palliativa, che comprende misure capaci di alleviare la sofferenza dei malati incurabili e di garantire loro, sino alla fine, la miglior qualità di vita possibile. La medicina palliativa non include solo trattamenti medici e paramedici, ma anche supporto psicologico, sociale e spirituale. Nel processo sono coinvolti anche i familiari che assistono il malato. La medicina palliativa mira ad accompagnare i malati o i moribondi alla morte, nei limiti del possibile, in un luogo di loro scelta. Una rete di strutture tra loro collegate dovrebbe assicurare la continuità delle cure e dell'assistenza. Soprattutto nel Baden-Württemberg (dove il progetto di Tubinga è la «punta di diamante»), ma anche in Svizzera, ci si sforza di creare un'offerta capillare di medicina palliativa e per integrare quest'ultima nel sistema sanitario e nell'assistenza sociale, come pure nell'istruzione e nella ricerca.

c) Con la mia terza osservazione non voglio criticare il movimento Hospice ma solo inserirlo nel contesto più ampio di un'assistenza veramente umana per le persone in fin di vita. Il sociologo Reimer Gronemeyer di Gießen approva appieno Hospice, ma per ora scorge il rischio di un ingigantimento fuorviante: «Il movimento voleva un nuovo accompagnamento umano alla morte. Ciò cui si assiste oggi è, in realtà, lo sviluppo di un sistema dominato dalla medicina, che acquisisce sempre di più i tratti di un nuovo comparto dell'assistenza ospedaliera. Sempre più raffinato, più capillare e, in un certo senso, più perfetto, certo, ma talvolta si ha l'impressione che si profili all'orizzonte un'assistenza al decesso basata su criteri industriali». Nel suo nuovo libro *In Ruhe sterben* («Morire in pace», Pattloch, München 2014), scritto a quattro mani con Andreas Heller, Gronemeyer si sofferma su «ciò che auspichiamo e che la medicina moderna non può offrire»: «Si ha la sensazione che, soprattutto dove la medicina palliativa ha lo scettro del comando, si imponga un perfezionismo accompagnato però da una crescente freddezza. A mio parere, se imbocchiamo la strada di una "morte sottoposta al controllo di qualità", siamo sulla via sbagliata. La medicina può fare molto ed è diventata sempre più importante anche per l'ultima fase della vita, ma allo stesso tempo occorre ribadire con veemenza che essa non può fare tutto e non è in grado di rispondere ai quesiti fondamentali legati alla dipartita: che ne sarà di me? A chi devo ancora perdonare qualcosa o chiedere perdono? Vorrei una medicina palliativa, e anche un movimento Hospice, che ammettessero i propri limiti e dicessero chiaramente cosa possono fare e cosa no» (SWR 2/Wissen, conferenza in aula magna del 20 aprile 2014: «Morire senza la medicina dei macchinari. Difesa di ciò che auspichiamo»).

3. In balia del morbo di Alzheimer?

Tubinga ha un rapporto speciale con questa patologia. È qui, infatti, che nel 1906 il medico Alois Alzheimer (1864-1915) descrisse per la prima volta una «malattia insolita della corteccia cerebrale». La imputò a particolari depositi di proteine nel cervello, sostanze prodotte in eccesso oppure scomposte in misura insufficiente. La facoltà di medicina, tuttavia, non gli diede ascolto.

Tubinga, però, è anche la città dove il morbo di Alzheimer è stato oggetto di numerosi studi neurobiologici. All'Istituto Hertie per la ricerca clinica sul cervello, il neurobiologo svizzero Mathias Jucker dirige dal 2009 il Centro tedesco per le malattie neurodegenerative dell'università. Il professore trova sorprendente che non esista ancora una terapia contro questa patologia, diagnosticata più di cento anni fa. Quando qualcuno gli chiede cosa si possa fare per prevenirla, sorride e risponde: «Non invecchi, così evita di ammalarsi!».

In effetti, il principale fattore di rischio per la neurodegenerazione è l'invecchiamento, ma i meccanismi alla base del processo sono tuttora pressoché sconosciuti. Tra le misure preventive figurano lo sport, l'attività intellettuale, una dieta sana, le relazioni sociali eccetera. Purtroppo non esiste ancora un vaccino contro l'Alzheimer privo di effetti collaterali. Non dubito, tuttavia, che l'intensa attività di ricerca possa offrire un aiuto prezioso alle persone per le quali la vecchiaia rappresenta un fardello sempre più pesante; le malattie geriatriche non sono inevitabili. Non dubito nemmeno che in questo modo sia possibile individuare le cause di un morbo così devastante e trovare una terapia efficace.

Ovviamente è apprezzabile che, sempre sull'esempio di Tubinga e dintorni, anche i consultori di psichiatria geriatrica del circondario rurale e il Centro geriatrico della clinica universitaria di Tubinga diano informazioni e organizzino campagne operative con il titolo «La demenza è tra noi». Molto spesso la demenza sfocia nello stress e nell'isolamento, tanto per i diretti interessati quanto per i familiari. Solo nel circondario rurale di Tubinga ci sono circa 3000 malati di demenza. È comprensibile che si voglia attenuare la paura di questa patologia offrendo consigli su come affrontarla nel miglior modo possibile. Bisogna anche considerare, però, che si tratta di una malattia capace di causare la morte nelle peggiori condizioni immaginabili. Sono soprattutto gli ultimi stadi a preoccupare le persone perché, come già spiegato, vengono omessi dai recenti film sul morbo di Alzheimer.

In questa sede, anche se la sua tesi è a tratti discutibile, vorrei citare ancora una volta Sherwin B. Nuland, riportando un lungo passo del libro *Come moriamo* (1993; trad. it. Mondadori, Milano 1995). Questo chirurgo dell'Università di Yale, scomparso nel 2014, descrive il decorso della malattia in termini molto realistici: «Con il passare del tempo i malati diventano progressivamente più dipendenti, fino a esserlo totalmente. Coloro che non vengono stroncati da patologie intercorrenti, da un ictus o da un infarto miocardico, cadono in una condizione definita, spietatamente ma efficacemente, "stato vegetativo", in cui cessano tutte le funzioni mentali superiori. Anche prima di giungere a tale stadio, tuttavia, alcuni pazienti non risultano più in grado di masticare, di camminare o persino di deglutire le proprie secrezioni. I tentativi di nutrirli per via orale causano sovente attacchi di tosse e soffocamento, manifestazioni entrambe sconvolgenti da vedere, soprattutto per chi, osservandole, se ne senta in qualche modo responsabile. Questa è la fase in cui la famiglia si trova di fronte alla necessità di prendere decisioni gravi, quali per esempio l'applicazione di sonde atte a nutrire il paziente debilitato o il tipo delle terapie da effettuare per affrontare gli attacchi di quei processi naturali che si scagliano come sciacalli (o, forse, come amici) sul malato.

«Qualora non si ricorra all'intubazione, la morte per defedamento può rappresentare una scelta pietosa per i soggetti in stato di incoscienza o, comunque, ignari della propria malattia. Per chi guardi le cose dall'esterno, tale morte è sovente preferibile a quella comportata dai progressivi effetti della paralisi o della malnutrizione, che, prima o poi, finiscono per compromettere inevitabilmente l'organismo del malato terminale, anche se scrupolosamente nutrito per via artificiale. L'incontinenza, l'immobilità e il calo del tasso di proteine nel sangue rendono pressoché impossibile evitare le piaghe da decubito, che, mentre diventano con il tempo più profonde e repellenti alla vista, causano la decomposizione dei tessuti e la formazione di pus e possono perfino determinare esposizione dei muscoli, dei tendini e persino delle ossa. Quando ciò si verifica, il trauma psicologico dei familiari viene solo in parte ridotto dalla consapevolezza che il malato ignora quanto gli sta accadendo.

«L'incontinenza, l'immobilità e la necessità di cateterizzare il malato causano l'insorgenza di infezioni del tratto urinario; l'incapacità del malato stesso di avvertire la presenza delle proprie secrezioni e di deglutirle fa sì che egli aspiri muco, il che aumenta il rischio di polmonite. Anche in tali casi è indispensabile effettuare difficili scelte terapeutiche, dettate non solo dalla coscienza individuale, ma anche da convinzioni religiose, da norme sociali e dai principi dell'etica medica. Talora, la soluzione migliore può essere rappresentata dal fatto di non prendere alcuna decisione e di lasciare che la natura faccia spietatamente il suo corso» (pp. 124 ss.).

Sostanzialmente, il teologo è tenuto a domandarsi: sono costretto a sopportare tutto questo sino alla fine, e devo imporlo anche ai miei contemporanei e ai cristiani in particolare? Non occorre forse considerare il fatto che questa malattia priva l'individuo della personalità e di ciò che egli ha costruito nel corso della vita, ossia del suo posto nella società? Il professor Jucker ama mostrare una raffigurazione del cervello in cui le nozioni e i sentimenti sono rappresentati da libri. «I volumi cominciano a cadere a poco a poco dallo scaffale, poi crollano anche gli scaffali, in una sorta di effetto domino che si estende a tutto il cervello.»

Alcuni teologi sostengono che ogni essere umano deve resistere sino alla «fine stabilita» e che non può restituire la vita «prematuramente». Nei capitoli seguenti cercherò di rispondere a questo interrogativo: il buon Dio ha forse «deciso» la riduzione della vita umana alla mera dimensione biologico-vegetativa, con tanto di incontinenza, catetere, sonda gastrica e ferite suppuranti? Oggigiorno molti si chiedono perché la restituzione responsabile di una vita distrutta definitivamente da sofferenze insopportabili debba essere per forza considerata «prematura». Non sempre la morte è nemica dell'essere umano.

L'obiezione secondo cui il malato di Alzheimer non è più in grado di decidere perde di significato quando la decisione viene presa prima dell'insorgere della malattia o al più tardi nello stadio iniziale, come illustra con sensibilità Martin Suter nel romanzo *Com'è piccolo il mondo* (1997; trad. it. Feltrinelli, Milano 1999). Secondo un articolo della rivista specializzata «Radiology» (ottobre 2006), l'Università della California ha sviluppato un procedimento assistito da computer che consente di misurare l'entità del danno alla sostanza cerebrale grigia tramite un'analisi dei valori di ADC.

In una replica all'articolo di Udo Reiter citato nel capitolo «Prime reazioni», Franz Müntefering, ex presidente dell'SPD, si esprime con slancio a favore della dignità della persona colpita da demenza («Süddeutsche Zeitung», 3 gennaio 2014): «Il malato di demenza è forse l'"ombra di se stesso"?» si chiede, e risponde: «Sì. Ma è anche infelice, superfluo, inutile?». No, certo che no. Su questo punto, Müntefering ha ragione. Ma se una persona non vuole cadere vittima di questa patologia senile, destinata a durare anni e a ridurla alla condizione vegetativa, merita forse di essere screditata? È proprio ciò che fa Müntefering quando non esita ad accusare questi individui di lasciarsi prendere dallo «sconforto», di fuggire dalle responsabilità e dalle difficoltà, di tagliare la corda.

Franz Müntefering si è guadagnato un profondo rispetto quando si è dimesso dalle cariche di ministro e vicecancelliere per assistere la moglie malata di cancro. Condivido anche la sua richiesta di maggiore sostegno a favore della medicina palliativa e degli *hospice*. Non è questa, tuttavia, la soluzione al problema di fondo. Non è neppure la risposta al quesito di fondo: come uomo, e come cristiano, sono tenuto a sopportare non solo la demenza, ma anche la condizione vegetativa? In ogni caso sono convinto che sempre più persone non scelgano deliberatamente di morire perché vogliono mettere in scena – come dice in tono polemico Müntefering – un'«elegante cerimonia di commiato a comando», ma perché scoprono la libertà, concessa da Dio, di assumersi la responsabilità della propria vita sino alla fine.

Di sicuro anche Müntefering rimarrebbe colpito se leggesse la storia drammatica della scrittrice francese Emmanuèle Berhneim, *Tout s'est bien passé* («È andato tutto bene», Gallimard, Paris 2013). L'autrice racconta come suo padre, un mercante d'arte parigino, abbia perduto ogni cosa in seguito a un grave ictus e le abbia chiesto di concedergli di morire. Anche Emmanuèle e i suoi familiari si sono ritrovati alle prese con un difficile conflitto di coscienza. È chiaro, tuttavia, che in casi simili non può esistere una soluzione generale valida per tutti. Bisognerebbe, invece, lasciare la libera decisione alla discrezione del singolo. Tra l'altro, oggi si discute sempre più spesso di una possibile alternativa alla morte indotta con i farmaci.

4. Digiunare fino a morire?

I medici riferiscono che sempre più pazienti desiderosi di morire rinunciano all'alimentazione e all'idratazione per giungere a una «morte naturale». Boudewijn Chabot, psichiatra e studioso di scienze sociali di Haarlem, nei Paesi Bassi, e Christian Walther, neurobiologo di Marburgo, hanno compilato un rapporto sistematico e obiettivo sulla «rinuncia volontaria all'alimentazione e all'idratazione»: *Ausweg am Lebensende. Selbstbestimmtes Sterben durch freiwilligen Verzicht auf Essen und Trinken* («Una via d'uscita alla fine dell'esistenza. Decidere di morire rinunciando spontaneamente al cibo e ai liquidi», Reinhardt, Basel 2010). Alla base del libro ci sono oltre cento racconti su persone che si sono spente dopo essersi astenute dal bere per più di sei giorni. Dopo una discussione approfondita con una persona di fiducia, e talvolta anche con il medico, hanno deciso di morire anzitempo invece di continuare a vivere per altri mesi o anni. Confesso che all'inizio vedevo di buon occhio questa forma di interruzione della vita, pensando che aggirasse molti dei problemi legati al suicidio assistito.

Ora ci sono medici, giuristi ed esperti di etica che giudicano anche questo tipo di digiuno un'auto-uccisione (inammissibile). La rinuncia all'alimentazione e all'idratazione, tuttavia, è un'alternativa ovvia quando non si prendono misure di natura medico-tecnica finalizzate ad accorciare la vita. Anziché una morte brusca, il digiuno consente un distacco graduale e perlopiù armonioso dall'esistenza, se possibile in presenza di familiari o amici.

È comprensibile che i moribondi preferiscano il digiuno alla libera morte indotta con mezzi medici. In ogni caso, l'individuo deve poter contare su un accompagnamento idoneo alle proprie esigenze: su un'assistenza psicosociale, cure palliative e un sostegno teologico. Se il paziente ha smesso di bere, può trovare sollievo nell'inumidimento della cavità orale con un nebulizzatore d'acqua o cubetti di ghiaccio sminuzzati.

Il digiuno come mezzo per procurarsi la morte non è, però, privo di rischi. Mi si affacciano alla mente interrogativi che mi fanno esitare davanti alla possibilità di imboccare questa strada. Perché devo imporre a me stesso un passaggio dalla vita alla morte della durata di alcune settimane, senza sapere quando e come finirà? Questa soluzione non implica dolori inutili, piaghe da decubito, cateterismo permanente e altre complicanze, nonché nausea, inquietudine, panico e infine ottenebramento o perdita della coscienza? Io vorrei comunque conservare sino alla fine il controllo di me stesso anziché cederlo ad altri, e suppongo di non essere il solo a pensarla così.

Quanto alla politica, i suoi rappresentanti non devono prendere le proprie convinzioni personali come pietra di paragone. Sono assolutamente d'accordo con il medico e filosofo Urban Wiesing, direttore dell'Istituto di etica e storia della medicina all'Università di Tubinga: «Le voci contrarie a qualsiasi forma di eutanasia organizzata traggono forza soprattutto dal rifiuto del suicidio in sé e per sé. Non è quest'ultimo, tuttavia, l'oggetto della decisione in esame, e la discussione su questo tema esula dai poteri del Parlamento, che può deliberare sulle leggi ma non sulle convinzioni. I politici non devono cedere alla tentazione di imporre ai cittadini le proprie convinzioni personali sul suicidio. Ciò vale anche per coloro che mettono in guardia dall'idealizzare l'uccidersi. Chi, sotto la propria responsabilità, chiede un aiuto per mettere fine alla propria vita in una situazione disperata e insopportabile non idealizza nulla. Desidera solo sfruttare un'ultima possibilità di autodeterminazione» («Die Zeit», 16, 10 aprile 2014).

Ma le persone come desiderano concludere la propria vita? Nel 2000 Richard Smith, direttore del «British Medical Journal», ha elencato in un editoriale i dodici elementi di una «buona morte»:

- sapere *quando* la morte sta per arrivare e capire *cosa* aspettarsi;
- mantenere il *controllo* sugli eventi;
- vedersi riconoscere la *dignità* e la *privacy*;
- ricevere un trattamento adeguato contro il *dolore* e gli *altri sintomi*;
- avere la possibilità di scegliere *dove* morire (a casa o altrove);
- ricevere tutte le *informazioni necessarie*;
- avere tutto il *sostegno spirituale* ed *emotivo* possibile;
- poter contare su un'assistenza tipo *hospice* ovunque, non solo in ospedale;
- poter decidere *chi sarà presente al momento della dipartita*;

- poter *stabilire in anticipo* quali desideri dovranno essere rispettati;
- avere tempo per il *commiato*;
- *potersene andare* quando arriva il momento, senza doversi sottoporre a un *inutile prolungamento della vita*.

Questi punti vengono commentati minuziosamente da H. Christof Müller-Busch, la massima autorità in fatto di medicina palliativa, in *Abschied braucht Zeit. Palliativmedizin und Ethik des Sterbens* («Per dire addio ci vuole tempo. La medicina palliativa e l'etica della morte», Suhrkamp, Berlin 2012, pp. 100 ss.).

IV. Quale eutanasia?

1. L'eutanasia forzata è omicidio

L'eutanasia, intesa nel senso più ampio, include tutte le misure fisiche e psichiche volte a facilitare la morte dei malati incurabili. In questa sede si parlerà solo dell'eutanasia *medica*, che comprende tutti gli accorgimenti medici finalizzati a evitare un decesso straziante. Nell'antichità greca ed ebraica, come ho già spiegato, «eutanasia» significava letteralmente «buona morte» e designava un trapasso bello, rapido, leggero, indolore, e a volte anche la dipartita onorevole sul campo di battaglia. Nella lingua tedesca non dovremmo dimenticare l'illustre tradizione etica di questo concetto, nonostante il suo uso criminale da parte dei nazisti. È bene, tuttavia, tenere presente quanto segue.

Fu il filosofo Francesco Bacone, nel XVI secolo, a riconoscere per primo nell'alleviamento del dolore al momento della morte un compito proprio del medico.

Il concetto di «eutanasia medica» fu introdotto nel XIX secolo. La discussione sulla non punibilità dell'eutanasia su specifica richiesta e sull'uccisione limitata di malati inguaribili venne affrontata per la prima volta dal Deutscher Monistenbund, la «Lega monista tedesca» di stampo antireligioso e illuminista, alla vigilia della Prima guerra mondiale, sulla scia delle correnti socialdarwiniste ispirate dal principio della «sopravvivenza del più forte».

Dagli anni Trenta del XX secolo esistono anche nei Paesi anglosassoni organizzazioni specializzate in eutanasia che difendono il diritto a una morte piacevole, mentre già nel 1920 uscì il testo di Karl Binding e Alfred Hoche *Die Freigabe der Vernichtung lebensunwerten Lebens* («La liberalizzazione dell'annientamento delle vite prive di valore»), in cui gli autori si esprimono a favore dell'uccisione delle «vuote larve umane» e dei «parassiti» di cui la società umana non può curarsi.

Nel periodo nazista, questa spaventosa teoria fu messa in pratica secondo criteri criminali attraverso il famigerato «programma di eutanasia»: sulla base di un ordine segreto del Führer, dal 1° settembre 1939 all'agosto del 1941 si presume che furono uccise in speciali «istituti di morte» dalle 60.000 alle 80.000 persone. La prima protesta pubblica venne da Clemens August von Galen, vescovo di Münster, che ottenne la cessazione (almeno ufficiale) delle stragi. L'uccisione di milioni di ebrei, zingari, rom e altri individui «senza valore» fu un autentico genocidio, esecrabile sotto tutti gli aspetti.

Le grandi dichiarazioni mediche internazionali redatte dalla Seconda guerra mondiale in poi affermano che questa «eutanasia forzata» è fuori discussione e la definiscono una grave violazione dei diritti umani. In Germania, tuttavia, la vergogna per quello che forse è il peggior crimine nella storia dell'umanità non dev'essere compensata dalla tabuizzazione di qualsiasi forma di eutanasia e dalla diffamazione dei suoi sostenitori. Le uccisioni criminali di massa non vanno assolutamente confuse con il desiderio, espresso da singoli individui, di un'eutanasia compassionevole.

2. *L'eutanasia generalmente accettata*

Oggigiorno è perlopiù considerata ammissibile l'*eutanasia che non comporta l'accorciamento della vita*, dove il medico si limita a somministrare antidolorifici o sedativi. Questa forma di interruzione della vita non pone problemi giuridici, è eticamente responsabile e spesso doverosa dal punto di vista medico. Ogni individuo ha diritto a una morte «naturale» veramente umana. Ciò impone, tra le altre cose, di rendere sopportabili le sofferenze fisiche e di sostenere la psiche a superare emotivamente l'ultima fase della vita con il ricorso agli psicofarmaci.

Viene generalmente considerata lecita anche l'eutanasia *passiva*, dove l'*accorciamento della vita è un effetto collaterale* (= eutanasia indiretta). Per essere più precisi: un'eutanasia ottenuta attraverso l'interruzione del prolungamento artificiale della vita. Che l'uomo non abbia l'obbligo di conservarsi in vita attraverso mezzi eccezionali (*media extraordinaria*) è un classico assioma della teologia morale. Questo principio vale tanto per il paziente quanto per il medico. Vediamo cosa significa in concreto.

Il *paziente* non ha il dovere di sottoporsi a terapie o interventi chirurgici che gli prolunghino la vita. Per esempio, può rifiutare l'impianto di un pacemaker oppure interrompere la dialisi domiciliare. È fuor di dubbio, tuttavia, che esistono anche situazioni in cui il paziente si sente costretto ad acconsentire a un determinato intervento chirurgico, magari per amore della famiglia.

Nemmeno il *medico* ha sempre il dovere di ricorrere a mezzi straordinari per prolungare a tutti i costi la vita del malato. Se, per esempio, è impossibile curare un carcinoma o un danno cerebrale irreversibile e, dunque, ripristinare la funzionalità di organi indispensabili, se la resistenza del paziente è agli sgoccioli, se il processo che porta alla morte si trascina a lungo riducendosi alla perdita graduale delle ultime funzioni vitali, il medico non è costretto a intervenire contro eventuali complicanze anche se così facendo accelera il decesso. Pertanto non è tenuto a proseguire una determinata terapia a oltranza, bensì può consentire al paziente di morire di morte «naturale». Si tratta in questo caso di un'eutanasia in cui il medico resta passivo e lascia *indirettamente* che il paziente muoia. Oggi, su tale eutanasia passiva, spesso denominata anche *interruzione dell'accanimento terapeutico*, non c'è più alcun conflitto tra medici, giuristi e teologi.

3. L'accorciamento della vita per alleviare le sofferenze

Nel caso di pazienti con malattie gravi, si può accettare un «accorciamento della vita» motivato dalla volontà di alleviare le sofferenze. In tali circostanze, il dovere di attenuare il dolore ha la precedenza su quello di tenere in vita l'individuo.

I medici convinti di poter o addirittura di dover fare tutto ciò che è tecnicamente fattibile dovrebbero leggere i principi dell'Ordine dei medici tedeschi sull'accompagnamento medico alla morte (2004), secondo i quali l'obbligo del mantenimento in vita deve rispettare determinati limiti. Non si possono lasciare i pazienti in condizioni poco dignitose all'infinito. L'aiuto per una morte «dignitosa» diventa a giusto titolo un «dovere» del medico, insieme a un'«intensa attenzione alla persona»: nel caso di pazienti lucidi occorre prendere in considerazione la volontà del soggetto adeguatamente informato, «anche quando tale volontà non coincide con le misure diagnostiche e terapeutiche necessarie dal punto di vista clinico». Per fortuna le direttive dell'Ordine, rimaneggiate più volte, sottolineano sempre con chiarezza il «diritto all'autodeterminazione del paziente». Le misure per il prolungamento della vita possono, «in conformità alla volontà del paziente, essere omesse o interrotte, qualora si limitino a rimandare il momento del decesso e non sia più possibile arrestare il decorso della malattia».

I principi dell'Ordine sono volti a impedire l'abuso di farmaci e macchinari di per sé benefici. Sono pertanto da accogliere con soddisfazione in quanto costituiscono utilissimi «ausili decisionali». Dimostrano, inoltre, che anche la medicina tedesca è piuttosto aperta nei confronti del «lasciar morire» e forse anche dell'accompagnamento alla morte, e che posizioni prima diametralmente opposte hanno cominciato a trovare un punto d'incontro. Ci sono, però, argomenti su cui molti medici si sarebbero aspettati più coraggio nell'ambito dell'assunzione di responsabilità e dell'adozione di soluzioni costruttive.

4. *L'eutanasia controversa*

Resta invece controversa la cosiddetta eutanasia attiva, o «morte clemente», *finalizzata direttamente ad abbreviare la vita*. Mi sono espresso sull'argomento nelle lezioni del 1982 (cfr. *Vita eterna?*, 1982; trad. it. 1983; BUR, Milano 1998, cap. VII, 6-8). In passato, il consenso sul rifiuto di ogni tipo di eutanasia attiva era assoluto; e nella maggior parte degli Stati, l'uccisione di una persona continua a essere un reato anche quando avviene per espressa richiesta del diretto interessato.

Il comandamento «Non uccidere», tuttavia, formulato in maniera precisa, significa «Non commettere assassinio». Qui occorre fare una distinzione: il mettere fine a una vita è assassinio se e solo se avviene per ragioni vili, per perfidia e contro la volontà del diretto interessato. È irresponsabile, però, anche quando si verifica per motivi superficiali e sconsiderati (per esempio, quando un uomo nel fiore degli anni si toglie la vita a causa di un insuccesso professionale, senza riguardo per moglie e figli).

Ma l'interruzione di una vita non può avvenire anche in modo responsabile? «La vita non è [nemmeno secondo la Bibbia e la concezione cattolica tradizionale] «il sommo dei beni» (Schiller). L'«indisponibilità» della vita non è affatto valida in assoluto; la legittima difesa individuale e collettiva fino alla morte dell'aggressore, l'uso delle armi da fuoco da parte della polizia per la liberazione di un ostaggio e le missioni militari pericolose – eventi in cui la vita viene sacrificata per un bene superiore – sono, in linea di massima, moralmente accettati. Il termine *Selbstmord* (auto-assassinio) non dovrebbe più essere utilizzato per indicare il suicidio. Nella Bibbia, il suicidio (uccisione di sé, libera morte) non è mai vietato espressamente. Anzi, come si accennava prima, quelli di Abimelech, di Sansone e di re Saul vengono, almeno in parte, elogiati. Lo stesso non si può dire di quello di Giuda, il traditore di Cristo, che nella tradizione cristiana è divenuto, purtroppo, il simbolo di ogni auto-uccisione, come se tutti gli episodi di questo genere fossero un tradimento verso la fede cristiana.

5. La zona grigia tra eutanasia attiva e passiva

Distinguere tra eutanasia attiva e passiva non è facile in concreto quanto lo è in astratto. I confini giuridici tra «diretto e indiretto», «volere e subire», «fare e tralasciare» si confondono nella zona grigia della pratica.

Il 66° Congresso dei giuristi tedeschi (2006) consiglia di sostituire termini poco chiari come «eutanasia attiva, passiva e indiretta» con le espressioni «uccisione su richiesta», «interruzione delle misure terapeutiche finalizzate al prolungamento della vita» e «adozione di un accorgimento volto ad alleviare la sofferenza». Al chiarimento dei concetti devono seguire, tuttavia, alcune precisazioni concrete.

a) Chi condanna la legislazione dei Paesi Bassi dovrebbe, se è onesto, riconoscere che in Germania predomina una zona grigia etico-giuridica. Alcuni medici reputano la sospensione dell'alimentazione artificiale un'eutanasia «attiva» illecita. L'Accademia svizzera delle scienze mediche, invece, considera un'eutanasia «passiva», e dunque lecita, non solo la rinuncia all'alimentazione e all'idratazione artificiale, ma anche la sospensione dell'ossigenazione, dei farmaci, delle trasfusioni di sangue e della dialisi per i pazienti in coma irreversibile. La Congregazione vaticana per la dottrina della fede, in un decreto del settembre del 2007, fa rientrare nell'assistenza di base persino l'alimentazione con la sonda gastrica, che pertanto, a suo parere, non deve mai essere interrotta. Con questa tesi, la Congregazione resta molto indietro rispetto ai principi dell'Ordine dei medici tedeschi e alla giurisprudenza.

b) Anche per molti medici, però, spegnere il respiratore o il rene artificiale è una forma di «passività» molto attiva (io parlerei di una *contradictio in adiecto*). In ambito giuridico, questo metodo – tollerato anche dalla Chiesa, negli ultimi tempi – viene inquadrato chiaramente nell'eutanasia passiva. Ma allora perché la prassi, talvolta assai dolorosa, di lasciar morire il paziente di fame o di sete è consentita, mentre la somministrazione di una dose eccessiva di morfina è reato? In questo caso, fare in modo che l'individuo si addormenti lentamente sarebbe più caritatevole e, per certi versi, più «passivo». Ed è ciò che molti medici fanno di nascosto oggi.

c) In Germania prevale spesso una duplice morale. L'eutanasia «attiva», affermano i medici, si pratica ogni giorno per pura misericordia e sulla base di una riflessione ragionevole. Basta che non se ne parli. In pubblico si prende posizione con veemenza contro ogni eutanasia «attiva», ma in privato si aiuta tranquillamente il paziente «a» morire (e non soltanto «mentre» muore). Chi (e quale tribunale umano) è in grado di stabilire se, per esempio, un medico abbia somministrato (impunemente) la morfina soltanto per alleviare il dolore pur avendo la certezza che il paziente sarebbe morto anzitempo, o se abbia fatto

ricorso alla medesima dose di farmaco con l'intenzione di causare la morte del malato (commettendo così un reato)? Diversi medici, ne sono sicuro, ricorrerebbero loro stessi a questa eutanasia «attiva» chiedendo a un collega di praticargliela oppure «facendo da sé». Ma ciò che è ragionevole per il *medicus patiens* (medico sofferente) dev'essere vietato all'*homo patiens*? E il malato terminale dev'essere alla mercé delle convinzioni del medico (forse ideologicamente limitate)?
Non c'è da meravigliarsi, dunque, che due terzi della popolazione tedesca si augurino, in caso di gravi malattie, di poter abbreviare la propria sofferenza con l'aiuto di un medico. Evidentemente sono sempre più numerosi i dottori pronti a offrire questo tipo di assistenza, ma non a parlarne con schiettezza. Infatti devono temere le sanzioni dell'Ordine, che, con la sua maggioranza conservatrice, si appella a «motivazioni deontologiche» per vietare loro di fare ciò che viene condiviso dalla popolazione con il benestare dello Stato (lo considera «poco medico», forse?). Poiché molti Ordini regionali hanno respinto questa decisione dell'Ordine centrale, bisognerebbe quantomeno lasciare l'eutanasia alla coscienza del singolo medico e rinunciare alle sanzioni. Tutti sono d'accordo nel pensare che non si possa costringere un medico a praticare l'eutanasia e che commetta un reato chi aiuta a morire una persona indotta al suicidio da una malattia. Secondo l'ultimo sondag-

gio del 2014 sui problemi che la Società tedesca per una morte umana dovrebbe affrontare, i membri chiedono innanzitutto l'individuazione di medici disposti ad aiutare i pazienti che decidono liberamente di togliersi la vita. I medici sono i più indicati per decidere quale farmaco sia efficace nell'interazione con i medicinali che il malato grave assume da tempo; occorre evitare, infatti, qualsiasi rischio di suicidio mal riuscito.

Ingrid Matthäus Maier, insigne rappresentante dell'SPD, dichiara: «Con la criminalizzazione dell'accompagnamento al suicidio, auspicata da alcuni politici, colui che sceglie liberamente di morire, in condizioni personali difficilissime, viene lasciato intenzionalmente solo. È costretto a percorrere questa via per conto proprio, senza il minimo aiuto e spesso con gli effetti collaterali più atroci. Lo trovo non solo anticostituzionale, ma anche profondamente disumano» (*Mein Ende gehört mir*, «La mia fine è mia», «Frankfurter Allgemeine Zeitung», 7 maggio 2014).

Anche all'interno del movimento Hospice ci sono molte persone convinte che sia necessario confrontarsi onestamente con la problematica dell'eutanasia «attiva» smettendo di tabuizzarla e prendere coscienza senza preconcetti non solo delle argomentazioni contrarie, ma anche di quelle favorevoli. Attualmente prevale una grande incertezza del diritto, che non può più gravare sul singolo medico e alla quale bisogna assolutamente porre fine.

6. *L'incertezza del diritto: un caso emblematico*

All'inizio del 2008 uno pneumologo di 69 anni era ricoverato in una clinica universitaria a Ulma. Soffriva di una grave fibrosi polmonare allo stadio terminale e aveva paura di soffocare. Un giorno, in presenza della moglie di 73 anni e del figlio di 45 – un docente di medicina –, si è tolto la maschera dell'ossigeno e ha espresso la volontà di morire. Moglie e figlio hanno concluso che era giusto risparmiargli altre sofferenze e gli hanno somministrato un'overdose di morfina, aprendo al massimo la pompa di dosaggio accanto al letto. Sono stati così rinviati a giudizio e il pubblico ministero ha chiesto per loro una pena detentiva da sei mesi a cinque anni per eutanasia attiva.

Durante il processo, gli imputati non si sono espressi. Era innegabile che uno dei due o entrambi avesse aumentato l'apporto di morfina, ma restava da stabilire se la dose fosse stata davvero letale. Sono stati interpellati quattro periti illustri, tutti concordi sul fatto che la causa del decesso fosse stata una malattia polmonare. Non si poteva avere la certezza che la morfina avesse avuto un effetto mortale.

Tutti si aspettavano che il tribunale emanasse una sentenza di principio utile anche per altri casi. Il procuratore generale, tuttavia, ha ammesso che era impossibile appurare se si fosse trattato di un «aiuto innocente al momento della morte» o di un «gesto intenzionale, e dunque passibile di pena, finalizzato ad accelerare la morte». Perciò, ha aggiunto, avrebbe accolto la proposta della difesa di archiviare il procedimento. E così è stato. Niente decisione. Possiamo essere soddisfatti?

È palese che, con il loro parere, i periti abbiano voluto aiutare il collega, ma in ogni caso non hanno saputo escludere con certezza che l'aumento della quantità di morfina fosse stato la causa diretta del decesso. Dal punto di vista etico, il caso non sarebbe stato così complicato: è incontestabile che il malato avesse il diritto e la capacità di decidere di togliersi la vita. Sul lato umano era più che comprensibile che moglie e figlio non si fossero opposti al suo desiderio, ma al contrario lo avessero aiutato a realizzarlo. Secondo coscienza, avevano agito correttamente, perciò avrebbero dovuto essere assolti. Nel codice penale, tuttavia, esiste ancora un articolo che vieta ogni forma di eutanasia attiva. Di conseguenza, l'incertezza del diritto perdura, ma impone di trovare una soluzione chiara sul fronte etico.

V. La responsabilità personale anche nel momento della morte

1. Dono di Dio e allo stesso tempo compito dell'uomo

Dalla dignità dell'uomo scaturisce il diritto all'autodeterminazione per la vita nella sua interezza, e quindi anche per l'ultima tappa dell'esistenza, ossia la morte. Il diritto alla vita non sottintende in nessun caso il dovere di vivere, di continuare a vivere a tutti i costi. Secondo la convinzione ebraico-cristiano-musulmana, la vita umana, che l'uomo certo non deve a se stesso, è in ultima istanza un dono di Dio. Ma allo stesso tempo, per volontà di Dio, è anche un compito dell'uomo. È dunque messa *a mia disposizione (mia e non di altri)* perché ne faccia un uso *responsabile*. Ciò vale anche per la fase finale dell'esistenza: il passaggio dalla vita alla morte. L'eutanasia va quindi intesa come un importante aiuto alla vita. Anche in questo caso non deve prendere il sopravvento l'eteronomia, bensì l'autonomia, che per i credenti affonda le radici nella teonomia. Ciascun paziente gode del diritto all'autodeterminazione, che negli ultimi tempi viene riconosciuto e imposto sempre più spesso anche dai tribunali tedeschi.

La vita: insieme dono di Dio e compito dell'uomo. In particolare, i religiosi che si ostinano a proporre l'aspetto del dono divino come unico punto di vista sono invitati a spiegare come immaginano questo compito affidato all'essere umano.

2. Autodeterminazione anche alla fine della vita

Troppi medici continuano a ignorare la volontà dei pazienti, facendo tutto ciò che è consentito dai mezzi della medicina e della tecnologia per prolungare loro la vita senza tenere conto di eventuali cambiamenti d'opinione. L'autorevole internista Michael de Ridder, oggi primario del pronto soccorso di un ospedale berlinese e vincitore del premio Ossip K. Flechtheim per il suo impegno nel campo della politica sanitaria, propone un'appassionata difesa dell'autodeterminazione anche alla fine della vita nel libro *Wie wollen wir sterben? Ein ärztliches Plädoyer für eine neue Sterbekultur in Zeiten der Hochleistungsmedizin* («Come vogliamo morire. L'appello di un medico per una nuova cultura della morte nell'epoca della medicina tecnologicamente avanzata», Deutsche Verlags-Anstalt, München 2010). La libertà del singolo consiste nell'autodeterminazione riguardo al proprio progetto di vita e alla sua realizzazione ed è uno dei cardini del nostro ordinamento giuridico. Non è certo compito del medico mantenere in vita il paziente a ogni costo e identificare a propria discrezione il mantenimento in vita con il benessere del malato. A ben pensarci, equivarrebbe a dare carta bianca a chi intende portare il dogma della «sacralità della vita» fino all'estremo della disumanità.

De Ridder non esita neppure a criticare l'atteggiamento di alcune comunità di fede, in particolare quella della Chiesa cattolica: «Essa relativizza il diritto all'autodeterminazione facendo riferimento alla convinzione che ogni vita umana sia un dono di Dio, anche perché non va dimenticato che la sopportazione delle sofferenze è insita nell'immagine cristiana dell'uomo. Nell'enciclica *Evangelium vitae* del 1995, papa Giovanni Paolo II mise in chiaro che l'interruzione di un trattamento finalizzato al mantenimento in vita è *sempre* una grave violazione della legge divina. Il Vaticano ha ribadito questa posizione all'inizio del 2009, sollevando indirettamente un vergognoso e umiliante polverone mediatico e politico quando è stata disposta l'interruzione dell'alimentazione artificiale per Eluana Englaro, una giovane donna in stato vegetativo permanente (coma vigile) da diciassette anni, in seguito a un incidente stradale. Ignorando i limiti delle proprie facoltà e competenze, il papa ha ripetuto che l'alimentazione artificiale dei moribondi, in particolare dei soggetti in coma, non rappresenta un semplice trattamento medico, bensì una misura irrinunciabile dell'assistenza di base. La conseguenza è che, secondo la dottrina ecclesiastica, i pazienti devono essere sottoposti, *di fatto*, all'*alimentazione forzata* anche *contro la loro volontà dichiarata* e contro il parere medico» (p. 200).

Nel 2012, quando ho ricevuto il premio Nonino nella cittadina friulana di Percoto, ho dovuto prendere posizione sul caso Englaro durante un dibattito nel grande teatro di Udine. Ho detto chiaramente che la ragazza o i suoi genitori avevano diritto a un'eutanasia effettiva. Il lungo applauso con cui sono state accolte le mie parole non ha fatto altro che consolidare la mia idea.

3. *Rispettare la volontà del paziente*

Il medico, dunque, deve diventare un alleato del paziente che ha scelto di morire. Per molti malati, di fronte al pericolo incombente di rimanere prigionieri di un sistema medico ad alto uso di tecnologia, il pensiero di lasciare la decisione sulla vita e sulla morte solo al medico è insopportabile. Così si viola il principio della responsabilità personale del paziente, il che costituisce una prevaricazione anche secondo un numero sempre maggiore di medici.

In fondo, per i medici e per i giudici è un sollievo lasciar decidere al paziente o ai suoi familiari. Rappresenta una pietra miliare un verdetto emanato dalla Corte federale di giustizia, il tribunale federale superiore tedesco, nel 1994 (sulla «Sentenza di Kempten»), che revocò la condanna di un medico e del figlio di una donna in coma da tre anni, entrambi accusati di aver interrotto l'alimentazione artificiale. Perché questa revoca? Il tribunale di Kempten aveva ignorato la volontà della paziente, che già otto anni prima di morire aveva espresso il desiderio che le fossero sospese le cure in determinate circostanze. Richiamato a rivedere il suo pronunciamento, ha deciso poi di assolvere gli imputati. Dalle testimonianze di amici e parenti della malata è emerso che quest'ultima aveva «affermato esplicitamente» di «non voler sopravvivere in stato vegetativo, di non voler essere collegata a tubi e di non voler dipendere totalmente dall'aiuto di terzi». Questo orientamento della giurisprudenza trova conferma in un verdetto della Corte d'appello di Francoforte (numero di protocollo 20W 224/98) e nella sentenza della Corte federale di giustizia del 17 marzo 2003.

4. Il testamento biologico dev'essere giuridicamente vincolante

I pazienti non perdono il diritto all'autodeterminazione quando non sono più in grado di esprimersi. In questi casi, quando bisogna decidere come procedere sul piano terapeutico, occorre tenere conto delle loro precedenti dichiarazioni che, per esempio, possono essere contenute in un testamento biologico. Questi desideri vanno rispettati anche quando sono contrari all'adozione di una terapia finalizzata al prolungamento della vita. Il diretto interessato può scendere nello specifico: niente respirazione artificiale, niente rianimazione in caso di arresto cardiaco improvviso, niente chemioterapia eccetera. Ad ogni modo, io non voglio essere nutrito artificialmente o respirare grazie a una macchina per mesi o per anni. Qui non si tratta di uccidere una persona, bensì di lasciarla morire. Io accetto la mia finitezza e la mia mortalità.

Rispecchiano questa convinzione anche i principi dell'Ordine dei medici tedeschi del 2004: «Qualora il paziente non sia in condizione di prestare il proprio consenso, il rifiuto di un trattamento, espresso in un testamento biologico, è vincolante per il medico, purché la situazione concreta rifletta quella che il paziente ha descritto nelle sue disposizioni e non siano ravvisabili indizi di un successivo mutamento di volontà». Saranno soddisfatte le decine di migliaia di persone che in Germania hanno già redatto un documento di questo tipo. Ora non devono più sentirsi alla mercé del medico come ultima istanza deputata a prendere una decisione. Qui va registrato un autentico progresso, e bisogna solo sperare che medici, infermieri e giudici agiscano secondo questi principi. È necessario educare i medici (e altre categorie professionali) al rispetto del testamento biologico affinché i desideri espressi dal paziente vengano osservati. In particolare, il medico di base dovrebbe offrire un aiuto competente per la stesura di queste disposizioni.

Un testamento biologico, come qualsiasi altra disposizione testamentaria, va rispettato in maniera incondizionata (senza pretesti né interpretazioni astruse) e soprattutto senza limitazioni a determinate situazioni mediche. Per il medico è un documento giuridicamente vincolante. La Corte federale di giustizia lo conferma nella sentenza del 17 marzo 2003: «Qualora il paziente non sia in grado di prestare il proprio consenso e la sua malattia cronica abbia assunto un decorso mortale irreversibile, occorre procedere all'interruzione di tutte le misure volte al mantenimento in vita o al prolungamento della vita stessa, purché ciò corrisponda alle volontà precedentemente espresse, per esempio sotto forma di un cosiddetto testamento biologico. Ciò consegue dalla dignità dell'essere umano, che impone di rispettare il diritto all'autodeterminazione anche quando egli non è più in condizioni di prestare il proprio consenso e di decidere sotto la propria responsabilità. Solo qualora non sia possibile appurare tale volontà dichiarata del paziente, l'ammissibilità di suddette misure si valuterà a seconda della sua volontà presunta, da accertarsi sulla base di valori, convinzioni e scelte di vita» (sentenza XII ZB 2/03 del 17 marzo 2003).

La condizione limitativa «qualora la sua malattia cronica abbia assunto un decorso mortale irreversibile» pone tuttavia qualche problema. Non è accettabile privare il paziente del diritto all'autodeterminazione e impedirgli la sospensione delle misure volte al prolungamento della vita nemmeno in situazioni come il coma vigile o la demenza in stadio avanzato. La maggior parte degli individui vorrebbe adottare delle misure preventive proprio per le eventualità di questo tipo. Nel giugno del 2005, anche il Consiglio etico della Repubblica federale tedesca si è espresso contro la limitazione del carattere vincolante dei testamenti biologici (limitazione della portata). A suo parere, non è corretto creare ulteriori ostacoli come l'autentica notarile o l'obbligo del rinnovo regolare.

5. La condotta medica nell'interesse del malato

Purtroppo non sempre si può dare per scontato che il medico agisca nell'interesse del malato terminale e che lo aiuti a morire in modo umano.

Molti medici comprensivi aiutano di nascosto i pazienti, anche se spesso sono tormentati dal rimorso. A quanto ne so, persino i detrattori della legge olandese sull'eutanasia sperano, negli ultimi istanti di vita, di poter contare sulla presenza di «un medico caritatevole». Ma il paziente medio come e dove trova il «medico giusto»? Alcuni medici sono tuttora poco sensibili all'attuale problematica del morire.

Una testimonianza fra tante, che mi è arrivata sotto forma di lettera: «I casi che lei cita [nel suo libro], in cui alcune persone anziane in coma sono state condannate a vivere, o meglio a vegetare, non sono una rarità nemmeno qui. Una di loro è mia madre. Ha superato i cent'anni e ormai è un relitto umano. Ogni giorno la tiriamo fuori dal letto e siede per ore sulla poltrona, aspettando. [...] Parla spesso della morte. "Credo che il buon Dio si sia dimenticato di me" dice. Ha chiesto al medico: "Non può darmi qualcosa per morire?". Anch'io gli ho domandato se si possa ridurre o interrompere gradualmente la somministrazione dei farmaci per il cuore, ma lui non vuole sentire ragioni».

Un'altra testimonianza mi è giunta dalla volontaria di un ospizio: «Ho capito ben presto che, a differenza di quando si trascorre la vecchiaia a casa, morire in un ricovero è molto difficile dal punto di vista pratico. Accade assai spesso che il medico disponga il trasferimento del paziente in ospedale, com'è successo, per esempio, a una signora ultranovantenne. Era moribonda, ma l'hanno rianimata. È rimasta in vita per altre quattro settimane. Non sarebbe stato meglio lasciare che si addormentasse? Un'altra paziente della stessa età era costretta a letto, incapace di parlare, di esprimersi e di sorridere. Non riceveva mai visite. Poi le è venuta la polmonite, l'hanno portata in ospedale e da allora le somministrano solo tè attraverso una sonda nasale».

Negli ultimi tempi si usa una sonda sterile che viene inserita nello stomaco con il metodo della gastrostomia endoscopica percutanea, o PEG (nel 2007 è stata utilizzata su circa 140.000 pazienti, senza consenso in oltre la metà dei casi): è un grande aiuto per coloro che hanno ancora la possibilità di ristabilirsi, ma un prolungamento della sofferenza e un rinvio del momento del decesso per i moribondi. Nemmeno la medicina palliativa deve mirare a tenere in vita artificialmente i morenti per settimane, mesi o addirittura anni. Forse questi sono casi estremi, d'accordo, ma tutt'altro che rari.

6. *Eutanasia organizzata?*

Non si può costringere il medico ad accompagnare il paziente al suicidio. Viceversa, però, non si può impedire l'esistenza di organizzazioni specializzate in eutanasia. Chi contesta queste istituzioni accusandole di speculare sul dolore altrui commette un grosso errore. Personalmente, sono d'accordo con Udo Reiter. «L'obiezione frequente secondo cui si sfrutta la sofferenza delle persone a scopo di profitto e secondo cui fenomeni di questo tipo vanno evitati a tutti i costi è assurda. Anche gli ospedali e gli ambulatori medici sono aziende che ricevono denaro in cambio delle loro prestazioni. Perché ciò dovrebbe essere riprovevole nel caso dell'eutanasia?» («Süddentsche Zeitung», 21 dicembre 2013).

Le chiese devono considerare che anche loro ricevono denaro per i funerali e che in queste occasioni chiedono spesso un'«offerta» senza che tale prassi venga definita, in tono sprezzante, «commerciale». Come le chiese, le organizzazioni specializzate in eutanasia non fanno propaganda a favore della morte, bensì si limitano a offrire le proprie prestazioni ai singoli individui. Secondo un sondaggio del 2012 (Emnid), il 49 per cento dei cittadini tedeschi è favorevole alla legalizzazione dell'eutanasia commerciale, mentre il 41 per cento è contrario.

Un altro aspetto della discussione è assai più controverso: medici e infermieri dovrebbero restare impuniti quando aiutano il paziente a suicidarsi. Se dovessero sorgere seri dubbi sull'onestà del loro operato, la giustizia potrebbe intervenire anche senza regolamenti speciali. La condizione imprescindibile è che il personale sanitario garantisca un supporto adeguato al diretto interessato. Secondo il sondaggio di cui sopra, il 47 per cento dei tedeschi vuole che siano medici e infermieri a prestare questa assistenza, mentre il 45 per cento è di diverso parere.

Una gradita conferma della mia posizione è stata il conferimento, cui ho già accennato, del premio speciale Arthur Koestler da parte della Società tedesca per una morte umana a Bonn-Bad Godesberg l'8 novembre 2013. Ho avuto la sensazione che i presenti avessero recepito il mio messaggio: è lecito essere favorevoli all'autodeterminazione anche nel caso della morte, non solo sulla spinta del desiderio di garantire l'autonomia umana, ma anche su quella di una profonda fiducia nella realtà di Dio.

7. La liberalizzazione della libera morte per gli anziani

Nel 2014 Exit ha avanzato la proposta di estendere l'assistenza al suicidio anche alle persone anziane e molto anziane che non soffrono di malattie mortali, bensì di un insieme di disturbi. Sono casi in cui non di rado, ha spiegato, entrano in gioco fattori psicosociali, la paura di perdere l'autonomia e forse una diagnosi di demenza. Tutto ciò può spingere un individuo a fare un bilancio della propria vita e a decidere di non voler più continuare a vivere (suicidio razionale). In un'intervista pubblicata sul «Beobachter» (6/2014), Saskia Frei, avvocato divorzista e presidentessa di Exit, spiega perché questa liberalizzazione sia necessaria.

«Oggi, purtroppo, queste persone sono spesso costrette a togliersi la vita in solitudine e in modo violento. Si sparano o si impiccano, si buttano dal balcone dell'ospizio o sotto un treno, si annegano oppure acquistano uno strano cocktail di medicinali. Questi tentativi, tuttavia, comportano sempre un rischio di fallimento. Tutto ciò è forse dignitoso e umano? È da qui che nasce la proposta sostenuta attivamente da Exit: ottenere la liberalizzazione affinché gli anziani possano percorrere una strada dolce, sicura e dignitosa, lungo la quale non siano lasciati soli neppure i familiari.»

Quando il giornalista le domanda se in questo modo il suicidio non diventi socialmente accettabile, Saskia Frei risponde: «La barriera resta alta. E in Svizzera il numero dei suicidi violenti è diminuito in misura direttamente proporzionale all'incremento dei suicidi assistiti. Grazie all'eutanasia, dunque, i suicidi non sono aumentati, bensì hanno solo cambiato natura».

Di sicuro ci sono individui che preferiscono affrontare la morte da soli, ma quasi tutti sono felici di poter contare sulla presenza delle persone con cui hanno condiviso la vita, e magari di avere qualcuno che tenga loro la mano. In ogni caso occorre garantire un distacco dignitoso, durante il quale si possa dare uno sguardo retrospettivo alle esperienze e ai successi vissuti insieme ed eventualmente cogliere l'ultima occasione per perdonare o riconciliarsi (cfr. H. Christof Müller-Busch, *Abschied braucht Zeit*, «Per dire addio ci vuole tempo», Suhrkamp Verlag, Frankfurt 2012).

VI. Un mutamento di paradigma nella visione della vita umana

In questi decenni non sono cambiate solo alcune norme di vita, ma è mutata anche la concezione generale della vita e della morte, sulla scorta dei progressi, prima inimmaginabili, della medicina e delle sue scienze sussidiarie. Per essere più precisi, si è delineata una nuova visione dell'inizio e della fine dell'esistenza all'insegna dell'autonomia.

1. La visione mutata dell'inizio della vita umana

In *Über das Sterben. Was wir wissen. Was wir tun können. Wie wir uns darauf einstellen* («Morire. Cosa sappiamo. Cosa possiamo fare. Come ci prepariamo», Beck, München 2011), Gian Domenico Borasio, uno dei padri della medicina palliativa in Germania (ora a Losanna), sottolinea le numerose analogie biologiche tra il processo della nascita e quello della morte (pp. 23-26). Io vorrei approfondire i paralleli etici.

Ancora per parte del XX secolo si pensava che la vita umana fosse donata e determinata da Dio. Era lui a decidere chi e quando avrebbe avuto un figlio. Un processo assolutamente naturale, che però era pilotato da Dio e si svolgeva senza l'intervento dell'uomo. Perciò era considerato un atto innaturale, e dunque immorale, manipolare il rapporto sessuale per impedire il concepimento.

Il progresso medico, tuttavia, ha condotto a una conoscenza precisa della fecondazione, della gravidanza e del parto. Così si sono moltiplicati i mezzi meccanici e chimici per controllare il concepimento e, se lo si desiderava, per impedirlo. La prevenzione sistematica attraverso la «pillola», un contraccettivo diffuso in tutto il mondo, è sfociata in un nuovo atteggiamento nei confronti della sessualità. La decisione di avere figli oppure no dipendeva ormai dai due partner. Si è imposto un tipo inedito di autodeterminazione, che è stato prima ostacolato e poi vietato e condannato da alcune Chiese. Per il magistero romano, non solo l'uso della pillola anticoncezionale, ma anche la fecondazione artificiale e l'aborto volontario continuano a essere peccati gravi.

In ultima analisi, però, la battaglia contro questo mutamento di paradigma riguardante l'inizio della vita umana si è rivelata vana. Un solo dato sintomatico: in Svizzera, il 90 per cento delle donne interrompe una gravidanza quando aspetta un figlio affetto da trisomia 21, un'anomalia cromosomica. Hanno tutte torto?

2. *La visione mutata della fine della vita umana*

Il mutamento di paradigma in relazione alla fine della vita umana è iniziato in un periodo molto più tardo del XX secolo, ma è stato altrettanto inevitabile. Sono comparsi farmaci sempre più efficaci per la profilassi e la terapia, e interventi chirurgici sempre più sofisticati hanno consentito di sostituire importanti organi interni, tra cui persino il cuore. Tutto allo scopo di prolungare la vita. Oggi ci troviamo nel bel mezzo di questo processo e non mancheranno altre novità.

Il prolungamento dell'esistenza implica un nuovo rapporto con la morte. Da qui anche l'accesa discussione sulle varie forme di eutanasia. Ancora una volta, sono soprattutto le Chiese a voler fermare questa evoluzione. È pressoché impossibile strappare loro un consenso sull'argomento, e determinati tipi di eutanasia sono ancora proibiti, in particolare quelli che rientrano nella categoria «attiva». Il mutamento di paradigma, però, si annuncia chiaramente anche in questo ambito: «L'organizzazione svizzera Exit, specializzata in eutanasia, conta ormai circa 73.000 membri, 5000 dei quali vi hanno aderito solo l'anno scorso. Il numero dei suicidi assistiti è aumentato da circa 100 a 459. La possibilità del suicidio assistito trova largo consenso tra la popolazione. Speriamo che anche in futuro chi è contrario possa decidere di non farvi ricorso» («NZZ am Sonntag», 25 maggio 2014).

È palese, tuttavia, che il mutamento di paradigma non

implica lo stravolgimento di tutti i principi etici. Anche in questo caso, la dignità dell'individuo è il criterio decisivo di cui bisogna sempre tenere conto.

3. Il prolungamento della vita pone nuovi interrogativi

Gli straordinari progressi dell'igiene e della medicina hanno assicurato a moltissime persone una maggiore aspettativa di vita, anzi un periodo di vita aggiuntivo, che non è diventato realtà grazie a un'evoluzione «naturale», bensì per opera dell'uomo (cent'anni fa, l'aspettativa di vita in Germania era di circa 35 anni, ora supera i 70). Il rovescio della medaglia, tuttavia, è che molti individui si ritrovano a vegetare per anni (il cosiddetto SVP = stato vegetativo persistente), come detto più volte in questo libro.

Questa situazione inedita richiede anche un nuovo approccio al suicidio assistito e all'uccisione su richiesta. Nella Repubblica federale tedesca, il suicidio assistito non è perseguito dal diritto penale, ma i principi dell'Ordine dei medici tedeschi lo vietano per motivi di etica professionale e di deontologia, divieto che, come abbiamo visto, non è stato recepito da alcuni Ordini regionali. È pertanto necessaria un'ulteriore revisione di tali principi. Secondo le tesi del Congresso dei giuristi tedeschi del 2006 e il parere del Consiglio etico nazionale, l'accompagnamento medico al suicidio è come minimo un'opzione da non escludere in modo categorico, mentre è fuori discussione un'assistenza al suicidio organizzata a scopo di lucro.

Secondo il diritto tedesco attuale, non è passibile di pena il medico che si limita a preparare la dose letale per il paziente, mentre è soggetto a pene molto severe colui che, mosso a compassione, gli avvicina la medesima dose alle labbra oppure gli somministra un'iniezione o una flebo mortale, ossia che attui un'uccisione su richiesta. Anche in questo caso, il legislatore farebbe bene ad adeguare le leggi alla nuova situazione.

4. Il drastico aumento dei casi di demenza: una sfida per la società e la politica

I seguenti dati sono stati presentati nel 2013 al G8 di Londra: 44 milioni di persone in tutto il mondo – 1,4 solo nella Repubblica federale tedesca – soffrono oggi di Alzheimer o di malattie analoghe. Il numero di malati di demenza si triplicherà entro il 2015, raggiungendo i 135 milioni circa in tutto il pianeta. È questa la previsione dell'Alzheimer's Disease International (ADI), un'organizzazione internazionale di associazioni no-profit specializzate nel morbo di Alzheimer. Chi si trova nella fase iniziale di una simile patologia trae una magra consolazione dal pensiero che potrebbe passare ancora molto tempo prima che le sue condizioni diventino davvero gravose. Può darsi che sia così ma, se si decide di accettare il progredire della malattia, è importante conoscerne l'evoluzione sino allo stadio finale. A questo proposito, rimando il lettore alla descrizione di Sherwin B. Nuland nel capitolo III, paragrafo 3.

Altrettanto fondamentale è, tuttavia, comprendere le conseguenze sociali e di politica demografica che derivano dall'aumento esponenziale dei casi di demenza. I governi e le organizzazioni internazionali hanno iniziato solo di recente a occuparsi sul serio del problema. Le sfide che la politica sanitaria deve affrontare nelle società «vecchie» del Nord sono enormi. Nei prossimi anni si dovranno rendere disponibili molte più risorse umane e finanziarie per assicurare anche a chi è affetto da demenza una vita e una morte dignitose. Occorre sviluppare creativamente nuove possibilità di assistenza. I «villaggi» per questi malati come quello già sorto in Olanda sono forse una soluzione accettabile? I sostenitori sottolineano che, in un simile contesto, i malati potrebbero mantenere una relativa autonomia decisionale, godendo di un'assistenza ottimale. Per molti, me compreso, i ghetti di questo genere sono invece una pessima idea. Oppure si devono «sfrattare» queste persone in Paesi a basso costo come la Thailandia, perché in nazioni come la Germania e la Svizzera molti di loro non riescono a sostenere le spese sanitarie? È bene non generalizzare ciò che può rivelarsi utile nel singolo caso.

Tuttavia, nonostante la prospettiva di un'assistenza valida e dignitosa, ci saranno sempre persone che, come il sottoscritto, non vogliono precipitare in uno stato di demenza e preferiscono mettere fine alla propria vita non appena ne avvertono i primi sintomi. In queste circostanze, il legislatore non dovrebbe frapporre ostacoli alla libera morte. Da questo punto di vista merita sostegno la proposta di Exit: facilitare l'accesso al Pentobarbital alle persone anziane e molto anziane affinché, dopo un'idonea preparazione e un bilancio accurato, possano staccarsi liberamente dalla vita (suicidio razionale). L'individuo che intende sottoporsi a eutanasia deve prendere questa decisione quando ancora è in grado di intendere e di volere. È questa la ragione per cui Exit può accompagnare alla morte solo pochi malati di demenza.

Forse alcuni lettori avranno l'impressione che qui si parli in tono freddo e crudele delle motivazioni che spingono al suicidio e delle possibilità concrete di metterlo in atto. Non è affatto così. Si tratta di prendere coscienza della situazione attuale con umiltà e obiettività. Anzi, è proprio il mio atteggiamento religioso e teologicamente ponderato a darmi il coraggio di fare queste dichiarazioni. Cercherò di dimostrarlo nel capitolo seguente.

VII. La dimensione religiosa della morte

Chi accetta il diritto all'eutanasia attiva sulla base di motivazioni filosofico-giuridiche non deve necessariamente accettare anche la dimensione spirituale-religiosa della morte. L'individuo può dire sì alla morte senza per questo aggiungere un sì alla vita dopo la morte. L'ipotesi della «vita eterna» merita tuttavia un'analisi seria, anche solo per motivi filosofici.

1. Il possibile no alla vita eterna

Le ricerche sulla morte hanno avuto un effetto anche sulla medicina: non si può pensare che sia possibile rispondere all'interrogativo sulla vita eterna semplicemente con argomentazioni medico-scientifiche. La questione della vita dopo la morte, per quanto tabuizzata, resta irrisolta anche per i medici, e le esperienze di premorte positive infondono a molti la speranza che il decesso, atteso con angoscia e paura, non sia spaventoso come spesso si teme. I libri in cui le persone raccontano esperienze di premorte hanno un grande successo. Il volto di molti defunti è forse così sereno e sollevato perché è tutto finito ed è cominciata una vita completamente diversa? Anche per me le esperienze di premorte possono essere un segno che una nuova esistenza dopo la morte, una trascendenza nella morte, non è da escludere a priori. Ma questi episodi sono da considerarsi prove in senso strettamente scientifico? Non ho potuto fare a meno di interrogarmi sull'argomento.

Nel semestre estivo del 1981, durante nove lezioni di due ore nel quadro dello Studium generale all'Università di Tubinga, posso soppesare i pro e i contro ed esaminare i vari aspetti del problema. Ne ho già trattati alcuni in *Dio esiste?* (1978; trad. it. Mondadori, Milano 1979), basato su un accurato riesame della critica classica alla religione del XIX e XX secolo: la teoria della proiezione di Ludwig Feuerbach, su cui si fondano la teoria dell'oppio di Karl Marx e quella dell'illusione di Sigmund Freud, non riesce a dimostrare che la vita eterna è *solo* una proiezione dell'uomo, *solo* una consolazione dettata dall'interesse, *solo* un'illusione infantile. Non potrebbe essere il contrario, ossia che la negazione atea della vita eterna si basi su una proiezione fondata sulla natura umana benevola (Feuerbach), sulla società socialista (Marx) o sull'economia razionale (Freud)?

L'argomentazione della psicologia individuale o sociale contro la religione come proiezione è, in ultima analisi, poco convincente. Bisogna riconoscere che la fede in Dio si può spiegare in termini psicologici. Questa non è, però, la sede giusta per trattare il dilemma tra psicologia sì e psicologia no, che è comunque una falsa alternativa. Sul piano psicologico, la fede in Dio presenta sempre le strutture e i contenuti di una proiezione ed è sempre accompagnata dal sospetto di essere tale. Non è, tuttavia, il dato di fatto della proiezione a decidere se l'oggetto cui essa si riferisce esista oppure no. È possibilissimo che al desiderio di Dio corrisponda un Dio reale. E perché non dovrei desiderare che con la morte non sia tutto finito, che la mia vita e la storia dell'umanità abbiano un senso, che, in breve, Dio esista e ci conceda la vita eterna?

Allo stesso tempo, con l'ascesa dell'ateismo, legata al nome di Feuerbach, anche il tema della morte ha acquisito un peso schiacciante nella filosofia tedesca. La domanda sull'esistenza di una vita dopo il decesso ottiene risposte diverse dai principali filosofi del XX secolo. Come dimostro nelle mie lezioni, resta aperta per Martin Heidegger, riceve una risposta decisamente negativa da Jean-Paul Sartre e una assolutamente positiva da Karl Jaspers.

Menziono questi autori per spiegare che prima o poi ogni essere umano riflessivo si trova davanti al grosso dilemma di dire sì o no alla vita eterna; l'assenza di un sì equivale sostanzialmente a un no. L'opzione di base negativa è espressa con chiarezza sorprendente nella poesia *Contro la seduzione* (trad. it. in *Poesie e canzoni*, a cura di R. Leiser e F. Fortini, Einaudi, Torino 1961) dell'ateo Bertolt Brecht, che però, con tutto il rispetto, si può trasformare in risposta affermativa apportando qualche piccola modifica.

Non vi fate sedurre:
non esiste ritorno.
Il giorno sta alle porte,
già è qui vento di notte,
altro mattino non verrà.

Non vi lasciate illudere
che è poco, la vita.
Bevetela a gran sorsi,
non vi sarà bastata
quando dovrete perderla.

Non vi date conforto:
vi resta poco tempo.
Chi è disfatto, marcisca.
La vita è la più grande:
nulla sarà più vostro.

Non vi fate sedurre
da schiavitù e da piaghe.
Che cosa vi può ancora
[spaventare?
Morite con tutte le bestie
e non c'è niente, dopo.

Non vi fate sedurre:
esiste un ritorno.
Il giorno sta alle porte,
già è qui vento di notte,
altro mattino verrà.

Non vi lasciate illudere
che è poco, la vita.
Non bevetela a gran sorsi,
non vi sarà bastata
quando dovrete perderla.

Non vi date conforto:
vi resta poco tempo.
Chi è disfatto, marcisce?
La vita è la più grande:
altro sarà ancora vostro.

Non vi fate sedurre
da schiavitù e da piaghe.
Che cosa vi può ancora
[spaventare?
Non morite con le bestie
e non c'è alcun niente, dopo.

Si noti che i filosofi di oggi sono riluttanti a soffermarsi sull'interrogativo riguardante la vita dopo la morte. Per esempio, lo svizzero Peter Bieri, che insegna a Berlino, si occupa della «molteplicità della dignità umana» in *Eine Art zu leben* («Un modo di vivere», Hanser, München 2013). Nell'ultimo capitolo, definisce la dignità come il riconoscimento della finitezza e fa osservazioni molto articolate sul morire e sul lasciar morire. Emergono molti elementi in comune con le mie idee, per esempio il rifiuto del termine «suicidarsi» a favore dell'espressione «mettere fine alla vita». La ricerca di una risposta al quesito sulla vita dopo la morte è tuttavia infruttuosa. L'autore non si fa questa domanda benché sia stata formulata da tutte le religioni e, sul piano esistenziale, è posta continuamente da molte persone. I filosofi non dovrebbero forse, sulla scorta di Immanuel Kant, dire sì almeno alla possibilità della vita eterna? Non dovrebbero come minimo chiedersi perché le religioni, seppur ciascuna a modo suo, rispondano tutte affermativamente a questa domanda?

2. Un sì giustificato alla vita eterna

Nella questione del «vivere bene» rientra anche l'interrogativo sul «morire bene». Di fronte a questa domanda fondamentale, all'individuo si richiede più che mai un atto di fiducia ragionevole, che naturalmente può anche essere negato. Una fiducia che, tra parentesi, affonda le radici nella storia dell'umanità. Se non moriamo semplicemente «come le bestie», vale la pena verificare le risposte molto illuminanti, seppur assai diverse, che le religioni danno fin dall'età della pietra. In particolare: una vita sola o più di una?

Il filosofo e consulente filosofico Wilhelm Schmid (sempre a Berlino) azzarda cautamente una risposta: «Intesa come transizione verso un'altra vita, la morte potrebbe ancora apparire bella e ammissibile. Forse non è altro che un passaggio dallo stato di veglia al sonno. Nella vita non è sempre facile abbandonarsi a quest'altra condizione. Solo quando si è sopraffatti da una grande stanchezza, ogni cosa accade in maniera quasi automatica. Allo stesso modo si dovrebbe confidare che con la morte non finisce tutta la vita, ma solo la vita vissuta in questa forma, che si riposa nel sonno ontologico preparandosi a un'altra vita. Così come il sonno può essere ristoratore, anche il sonno ontologico potrebbe guarire le ferite della vita prima che essa ricominci in modo diverso. Le questioni in sospeso si potrebbero rimandare a un'altra possibile esistenza per vivere in libertà e spensieratezza già al di qua del confine. L'attesa di una vita nuova e diversa libera noi vecchi dallo stress esistenziale di ottenere ogni cosa dalla presunta "vita unica". E se le cose andassero diversamente? Allora questa vita sarà perlomeno stata felice» (*Gelassenheit. Was wir gewinnen, wenn wir älter werden*, «La tranquillità. Cosa ci guadagniamo a invecchiare», Insel, Berlin 2014).

Nelle lezioni intitolate «Vita eterna?» espongo bonariamente le argomentazioni a favore della reincarnazione su questa terra, ma alla fine le respingo giudicandole poco convincenti. Non esito a confessare che, ripensando alla mia esistenza con tutte le sue sofferenze e i suoi dispiaceri, non ho nessuna voglia, nonostante le soddisfazioni, di tornare sotto qualsiasi forma a una vita che, per quanto felice, è pur sempre dolorosa. Dopotutto, anche gli induisti e i buddisti vogliono uscire dal *samsara*, dal doloroso ciclo delle rinascite, e «spegnersi» in un *nirvana* che la maggior parte dei buddisti non concepisce in termini nichilistici, bensì come suprema realtà e beatitudine.

Così, nelle prime tre lezioni, delineo l'«orizzonte» dell'interrogativo sulla vita eterna, per poi esporre il messaggio biblico nelle tre successive, intitolate «La speranza». In queste occasioni ho la possibilità di riferirmi più volte ai temi trattati nel mio libro *Essere cristiani* (1974; trad. it. 1976; Rizzoli, Milano 2011): la fede nella resurrezione all'interno del giudaismo – un fenomeno tardivo; la più antica testimonianza sulla Pasqua e la sua evoluzione; la concezione della resurrezione non come ritorno alla vita nel senso di dimensione fisica, bensì come ingresso della persona finita nell'infinità e nell'eternità di Dio. Per me, la fede nella vita eterna deriva dalla fede nel Dio eterno. Tuttavia commento anche le affermazioni problematiche del Credo riguardo a Gesù, che discese negli inferi e salì al cielo. Sono consapevole che, se queste lezioni fossero state pubblicate prima del 1982 – quando erano già passati due anni dal mio grande scontro con Roma –, sicuramente alcune delle mie tesi avrebbero chiamato nuovamente in causa l'Inquisizione. Mi riferisco, per esempio, a quella sulla *resurrezione fisica*, o meglio resurrezione attraverso Dio, da intendersi come spirituale, e a quella sul *purgatorio*, che non va immaginato come un luogo fisico, bensì in termini simbolici.

La terza parte delle lezioni concerne «le conseguenze» della fede nella vita eterna. Qui critico le ideologie che promettono agli esseri umani il paradiso in terra e commento sia le teorie fisiche sia le affermazioni bibliche sulla fine del mondo. In questo modo si chiude il cerchio di questi argomenti così diversi tra loro, riassumibili nel titolo «Vita eterna?».

«Credi davvero nella vita dopo la morte?» mi ha chiesto poco tempo fa una delle mie sorelle, con aria estremamente seria. «Sì» rispondo convinto, non perché abbia dimostrato razionalmente l'esistenza della vita dopo la morte, ma perché ho conservato questa fiducia ragionevole in Dio e, credendo nel Dio eterno, posso credere anche nella vita eterna. Ho i miei buoni motivi.

In tutti questi anni non ho modificato la mia convinzione di base, ma ammetto che i nuovi telescopi e le ricerche sulle immensità buie, vuote e sconfinate del cosmo con miliardi di stelle non mi hanno semplificato le cose. O forse sì? Sia come sia, essi inducono la ragione a mettere in discussione le concezioni tradizionali del paradiso e dell'inferno e a interpretarle alla luce delle nuove conoscenze scientifiche.

3. L'inferno: crederci oppure no?

Gesù di Nazaret non era un predicatore dell'inferno, benché ne parlasse e condividesse le idee apocalittiche dei suoi contemporanei. In nessun luogo mostra un interesse diretto per l'inferno. Vi accenna solo marginalmente e servendosi di locuzioni molto tradizionali; è possibile addirittura che qualcosa sia stato aggiunto ai testi biblici in un secondo momento. Il messaggio di Gesù è senza dubbio *eu-angelion*, e dunque non è minaccioso, ma una «lieta novella». L'uomo deve abbandonarsi a questo messaggio, a Dio stesso, con quella fiducia che non si lascia fuorviare e che si chiama fede: «Credete nel Vangelo» (*Mc* 1,15). Per Gesù, quindi, la *fede* ha un significato assolutamente positivo. Il cristiano crede pertanto «nel» Dio misericordioso che si è rivelato attraverso Gesù Cristo e che opera tramite lo Spirito Santo. Ma *non crede* – non confida – nell'*inferno*. Giustamente quest'ultimo non viene menzionato nel Credo.

Dall'illuminismo, e in particolare dall'epoca in cui la pedagogia e la giustizia penale hanno iniziato a rinunciare al concetto di punizione come mera ritorsione, molti trovano *insopportabile, già per motivi puramente umanitari*, credere a un castigo che duri per tutta una vita, o sia addirittura eterno, di corpo e anima.

A me e a molti altri teologi, tuttavia, non sta a cuore solo l'idea dell'umanità, ma anche qualcosa di più profondo. Come cristiano sono forse costretto a credere in un simile *Dio*? Un Dio che sarebbe capace di stare a guardare mentre le sue creature subiscono un'infinita tortura psicofisica spietata, barbara e indiscriminata, se non addirittura atroce? Magari in eterno, insieme ai beati del paradiso? Secondo i fautori di questa tesi, in seguito a una presunta offesa infinita il Dio infinito necessita di una punizione infinita per ripristinare il proprio «onore»; ma il peccato, in quanto azione compiuta dall'uomo, è forse più di un atto finito? E Dio nel Nuovo Testamento è davvero presentato come un creditore così duro di cuore? Un Dio della misericordia, dalla cui misericordia sarebbero esclusi i defunti? Un Dio della pace, che perpetua la discordia e il conflitto? Un Dio della grazia e dell'amore per i nemici, che si vendica senza pietà sui propri avversari per tutta l'eternità? Mi domando cosa si penserebbe di un uomo che soddisfacesse la propria sete di vendetta, magari giustificata, in modo così implacabile e insaziabile.

Certo, le tenebre, il pianto, lo stridore di denti e il fuoco sono immagini crude per illustrare la malaugurata possibilità che l'essere umano smarrisca completamente il senso della propria vita, al punto che la sua esistenza si trasformi in un inferno. Già gli antichi dottori della Chiesa come Origene, Gregorio di Nissa, Girolamo e Ambrogio interpretavano il fuoco in senso metaforico, come immagine dell'ira di Dio nei confronti del peccatore. Anche l'aggettivo «eterno» non viene sempre preso alla lettera, sia nell'uso corrente moderno sia in quello ebraico e greco («Questa cosa dura in eterno» significa che sembra non finire mai, continua per un periodo indeterminato). Nel «supplizio eterno» (*Mt* 25,46) del giudizio finale, l'accento è posto sul fatto che la pena sarà definitiva, immutabile, per sempre decisiva, ma non sulla durata eterna del tormento. E comunque si intendano i singoli passi delle Scritture, l'«eternità» del castigo dell'inferno non va mai postulata in maniera assoluta. È una contraddizione accettare l'amore e la misericordia di Dio e allo stesso tempo l'esistenza di un luogo di tormenti eterni. No, la «pena dell'inferno» resta subordinata, come ogni altra cosa, a Dio, alla sua volontà e alla sua grazia. Ai credenti è promesso il «regno dei cieli».

4. *Sognare il cielo?*

Non si può trascurare il fatto che le osservazioni degli astronomi, le immagini e le conoscenze rivelatrici offerte da telescopi e satelliti, i viaggi e le sonde spaziali abbiano cambiato radicalmente la concezione del cielo. Il «cielo» di cui parla la fede non è, a ben pensarci, *un lassù ultraterreno*, un cielo in senso fisico (in inglese *sky*). Il cielo della fede (in inglese *heaven*) non è quello degli astronauti, come hanno testimoniato proprio coloro che durante il primo viaggio sulla luna hanno letto la Genesi dallo spazio. No, l'idea ingenuo-antropomorfica di un cielo sopra le nuvole è pura superstizione. Dio non dimora come «essere supremo» «sopra» il mondo in senso geografico o spaziale, in un «mondo ultraterreno». I cristiani credono che *Dio sia presente nel mondo*.

Il cielo della fede non è neppure *un oltre extramondano*, un cielo in senso metafisico. Dio non dimora «fuori» dal mondo in senso spirituale o metafisico, non vive in un aldilà extramondano, in un «retromondo». I cristiani credono che il mondo sia racchiuso in Dio.

Il cielo della fede non è un luogo, dunque, bensì un modo d'essere. Dopotutto, il Dio infinito non è individuabile nello spazio né limitabile nel tempo. Se ci si riferisce al cielo di Dio, si parla della «sfera» invisibile, dello «spazio vitale» di Dio, del «Padre», di cui il cielo fisico visibile può essere – nonostante la sua vastità, limpidezza e luminosità – solo un simbolo. Il concetto viene esplicitato poeticamente anche nell'inno nazionale svizzero: «Se di stelle è un giubilo la celeste sfera / te ritrovo a sera o Signor! Nella notte silenziosa l'alma mia in Te riposa». Dal punto di vista prettamente religioso, però, il cielo della fede non è altro che il *territorio di Dio*, nascosto, invisibile e inafferrabile, che non è sottratto alla terra bensì, secondo il messaggio di Gesù, contribuisce al potere e al regno di Dio portando a compimento ogni cosa buona.

5. Una fiducia responsabile

Devo sperare in una realtà ultima oppure no? In una vita eterna, una pace eterna, una felicità eterna? È questione di fiducia. Ma ci tengo a precisare che non si tratta di una fiducia irragionevole, bensì responsabile. È infatti la realtà della vita qui e ora, sono le esperienze positive e negative fatte in questo mondo, i momenti felici che avrei voluto prolungare, ma anche i bisogni insoddisfatti, le faccende irrisolte e le cose temporanee a darmi motivo sufficiente per dire un sì fiducioso all'idea di una vita dopo la morte. Senza questo sì, l'esistenza mi sembrerebbe, in ultima analisi, priva di scopo, di senso e di fondamento. Un mondo assai ingiusto, insomma.

La fiducia in Dio è forse irragionevole e irrazionale? Al contrario, mi sembra la cosa più ragionevole che l'essere umano possa pretendere. A essere reale non è solo ciò che è misurabile, ciò che è dimostrabile con le leggi della fisica, della biologia e della matematica. O meglio: quel che possiamo vedere, toccare, comprendere e calcolare non costituisce la realtà ultima. Con tutto il rispetto per le convinzioni dei credenti di altre religioni, il pensiero che dopo la morte l'uomo svanisca nel nulla mi pare assurdo quanto l'idea che il Big Bang sia arrivato dal nulla.

Così ho fiducia che il mondo e l'essere umano, come non vengono dal nulla, non vadano nemmeno verso il nulla; che il morire e la morte siano solo tappe intermedie alle quali seguirà un nuovo futuro; che la vita sia più forte della morte e che l'uomo passi in una realtà intangibile e sconfinata che non è il nulla, bensì la realtà più reale. Sì, è questa la convinzione degli ebrei, dei cristiani e dei musulmani e, sotto altra forma, con immagini e simboli diversi, anche di altre religioni: quando l'uomo raggiunge la fine della vita, ad attenderlo non c'è il nulla, bensì il tutto che i credenti ebrei, cristiani e musulmani chiamano Dio, dove i defunti trovano un'accoglienza calorosa. Come posso spiegare questo concetto?

6. La persona finita entra nell'infinità: la beatitudine eterna

Come credente è così che immagino la morte: dopo la dipartita, l'essere umano viene strappato da tutti i rapporti circostanti e determinanti. Dal punto di vista del mondo – dall'esterno, per così dire –, la morte equivale a una totale assenza di legami. Dal punto di vista di Dio – dall'interno, per così dire –, essa è una relazione completamente nuova con lui come realtà ultima. Nella morte è offerto all'uomo – inteso non come un essere fatto di carne e ossa, bensì come persona indivisa – un nuovo futuro eterno in cui i pezzi della sua vita si congiungono e in cui gli aspetti frammentari di questa esistenza trovano completezza. Una vita diversa da tutto ciò che è percepibile, nella dimensione imperitura di Dio. Non nel nostro spazio e nel nostro tempo, dunque, non «qui» e «ora», nell'«aldiqua». Ma nemmeno in un altro spazio e in un altro tempo, non in un «lassù» e in un «oltre», non in un «fuori» o in un «sopra», non in un «aldilà».

Oggi molti malati sono alle prese con un commiato interminabile a causa degli ambivalenti progressi della medicina in materia di prolungamento della vita. Tuttavia, quando l'essere umano si congeda nella morte, quando rompe tutti i legami esteriori, talvolta spegnendosi organo dopo organo, e resta senza più alcun legame, intraprende, almeno così crediamo, una nuova relazione per noi invisibile: *Vita mutatur, non tollitur*, «La vita non è tolta ma mutata».

No, qui non si assiste a un intervento arbitrario di Dio contro le leggi della natura, bensì a un'accoglienza da parte di Dio quando la natura giunge al termine per via delle sue stesse leggi. Non una fine, dunque, né una morte, bensì un compimento. La persona finita passa nell'infinito. L'uomo intraprende il suo ultimo viaggio, diverso dagli altri e decisivo, non in direzione del cosmo e nemmeno oltre i suoi confini, bensì verso il nucleo della realtà, in un territorio al di là dell'empiria, dove, oltre la sfera subatomica, si apre la dimensione dell'infinità, che solo ora si rivela come la realtà più reale. Non la si può circoscrivere tramite concetti, la si può solo spiegare ricorrendo a immagini: il cuore del mondo, la sua causa, il suo fondamento, il suo fine originari ed eterni, la patria immortale dell'uomo, da cui egli proviene e verso cui è diretto. Solo allora l'essere umano comprende cosa sia davvero la «realtà trascendente»: secondo la concezione biblica, la beatitudine eterna nella comunione con Dio, colui che crea e porta a compimento ogni cosa.

VIII. Decidere la propria morte è poco cristiano?

Nell'antichità, soprattutto nella tradizione platonica e stoica, si aveva spesso un rapporto più spontaneo e tranquillo con la libera morte di quanto non accada nella cristianità. Un esempio:

Non sum quod fueram, periit pars maxima nostri.
Morte mori melius quam vitam ducere mortis.

Non sono ciò che ero, perì di noi gran parte.
Meglio morire attraverso la morte che condurre una vita della morte.

(Massimiano, poeta latino
vissuto nel VI secolo)

Nella tradizione platonica, il «suicidio razionale» al cospetto degli amici era considerato il massimo atto di sovranità e autonomia dell'uomo, come ha spiegato il filosofo e ricercatore Thomas Rentsch durante un congresso sulle «culture della vecchiaia» tenutosi all'Università di Zurigo nel maggio 2014. All'evento hanno partecipato trenta relatori, quasi esclusivamente tedeschi, che hanno illustrato la situazione in Germania, Cina, Giappone e India, mentre la Svizzera non è stata menzionata. Il gerontologo Thomas Klie, dell'Università evangelica di Friburgo in Brisgovia, ha contestato aspramente la mia posizione, accusandomi di essermi schierato a favore del suicidio assistito e di aver «strombazzato a destra e a manca» che una vecchiaia non autosufficiente non si può più definire vita. Invece Ralph Kunz, docente di teologia a Zurigo, si è dissociato da queste critiche, sostenendo che il singolo ha il diritto di decidere quando è «stanco di vivere». Ciò dimostra che oggigiorno anche molte persone con una formazione religiosa hanno una visione meno rigida della libera morte. Resta, però, da chiedersi se il pregiudizio secondo cui determinare la propria morte non è cristiano sia fondato oppure no.

1. Sorretti da Dio nella morte

Ho letto con sgomento la lettera di un amico di vecchia data, un gesuita dell'Estremo Oriente di cui ho potuto ammirare di persona l'enorme impegno per gli altri. «Ti prego in ginocchio, se tra qualche anno dovessi avvertire una demenza incipiente – Dio solo sa se e quando – di restare tra noi. La tua sofferenza diverrà per noi benedizione e grazia, come la dolorosissima morte di Gesù diventò per noi salvezza. In questa salvezza è racchiuso sostanzialmente anche il sì alla sofferenza. Il Dio infinito ti toglie la responsabilità della vita con amore indulgente.»

Mi ha commosso anche la lettera colma di gratitudine inviatami da una coppia di Potsdam, per cui ero una «fonte d'ispirazione decisiva» già ai tempi della DDR attraverso i miei libri, le trasmissioni televisive e gli interventi dal vivo. Grazie alle mie parole, marito e moglie si sono sentiti confortati nelle loro «esperienze di vita e di fede». Mi hanno rammentato la conclusione di *Essere cristiani* perché, come molti cristiani di oggi, vi scorgono una massima di vita:

> Seguendo Gesù Cristo
> l'uomo nel mondo d'oggi può
> vivere, agire, soffrire e morire in modo veramente umano:
> nella felicità e nella sventura, nella vita e nella morte,
> sorretto da Dio e fecondo di aiuto per gli altri.

Ma poi mi chiedono senza mezzi termini: «Questo insegnamento non può essere significativo anche nella sua situazione? Come lei ha consolato noi, vorremmo incoraggiarla, nonostante gli acciacchi e l'età avanzata, a confidare nel fatto che Dio la sostiene. Sappiamo che a volte è disperato e scrive: "Non voglio diventare l'ombra di me stesso", ma per favore pensi a tutte le persone – ai malati, ai disabili, ai moribondi – che resistono fino all'ultimo respiro perché hanno fiducia nella vita e in Dio. Scegliere l'eutanasia attiva in un istituto commerciale svizzero è una morte indegna dell'Hans Küng che amiamo per il suo coraggio e la sua integrità. Deluderebbe migliaia di persone che hanno trovato ispirazione e forza nelle massime di *Essere cristiani*». È una domanda che sottende una critica.

Non vorrei deludere nessuno, ma forse esorterò qualcuno alla riflessione. Non sono disperato, bensì agisco sulla spinta di una grande fiducia nel fatto che Dio mi sorreggerà non solo nella sofferenza e prima di morire, ma anche nella morte. Confesso apertamente che quando ho scritto *Essere cristiani*, 45 anni fa, non pensavo alla libera morte. Ma ora che ne ho 86 e scorgo il rischio di diventare «l'ombra di me stesso», devo chiedermi seriamente se questa sia davvero la volontà di Dio. Chi ha letto questo libro fin qui avrà notato che anche di fronte a quest'ultimo grande interrogativo sulla vita umana ho imboccato «una lunga via creativa» (per citare la lettera da Potsdam) e che «difendo» la mia visione, senza imporla a nessuno, «in modo coerente e illuminante» anche per questa quarta età che mi è stata concessa, con il relativo mutamento di paradigma. Inoltre ho sempre pensato «a tutte le persone – ai malati, ai disabili, ai moribondi – che resistono fino all'ultimo respiro».

In questo contesto, mi preme precisare che il mio atteggiamento verso la morte si fonda su una fiducia assolutamente razionale in Dio, e spero di cuore di riuscire a convincere i lettori. Pertanto sono grato al docente di teologia svizzero Simon Peng-Keller (Coira/Zurigo) per aver sottolineato, nell'articolo *Suizid aus Gottvertrauen? Zu einem folgenreichen Argument Hans Küngs* («Suicidio sulla base della fiducia in Dio? A proposito di una tesi ricca di conseguenze sostenuta da Hans Küng», «Stimmen der Zeit», 6/2014), che ho dedicato alla fiducia di fondo nella realtà e alla fiducia in Dio un'analisi approfondita in *Essere cristiani* e soprattutto in *Dio esiste?*, quando ancora nella teologia e nella società non andava di moda parlare di fiducia. Mi sento incompreso, tuttavia, quando Peng-Keller – esperto in teologia della vita consacrata – collega la mia fiducia esistenziale alla teoria della scelta razionale. La mia fiducia di fondo non è frutto di un calcolo razionale, bensì di un atteggiamento ragionevole. Sono d'accordo quando Peng-Keller dice che questa fiducia in Dio si può assolutamente concepire come «vulnerabilità accettata», ma il professore dovrebbe ammettere che ho tutto il diritto di non volermi ritrovare, come la sua prozia, nella condizione di non riconoscere più i miei cari e dimenticare quasi tutte le esperienze della mia lunga vita. Nessuno mi convincerà che rassegnarmi a una vita in stato vegetativo sia la volontà di Dio. Come cristiano, non voglio che altri diretti interessati si facciano questa idea.

2. *La sequela non è imitazione di Cristo*

Il Gesù Cristo annunciato dai Vangeli non invita all'adorazione pedissequa, ma nemmeno all'imitazione letterale.

Papa Paolo VI ha sofferto molto per il rifiuto generale dell'enciclica sulla regolamentazione delle nascite, e purtroppo l'ha dato a vedere sostituendo il bastone pastorale del vescovo di Roma con un crocifisso di bronzo dalla forma realistica. Lo portava davanti a sé senza chiedersi nemmeno per un istante se la causa della sua sofferenza (e di quella di moltissimi membri della Chiesa fuorviati) fosse stata la sua decisione sbagliata. In termini biblici, a ogni modo, seguire Cristo significa ispirarsi a lui e al suo cammino e percorrere *la propria strada* secondo le sue indicazioni. La sequela, dunque, non è un'imitazione etica del modo di vivere di Gesù né la copia fedele di un certo modello di vita.

Giovanni Paolo II si è identificato con il crocifisso ancora più di Paolo VI. Si è fatto ricamare sul pallio papale cinque chiodi a simboleggiare le cinque piaghe di Gesù. Quando non è più stato in grado di svolgere il proprio ruolo, invece di dimettersi come il suo successore Benedetto XVI, ha permesso che tutto il mondo assistesse alla sua malattia e alla sua morte. «Cristo non è sceso dalla croce», diceva per giustificare il proprio attaccamento al soglio pontificio. Anziché rinunciare al potere, ha consentito che fosse il suo entourage a governare la Chiesa.

Ma la croce di Gesù resta incomparabile, il suo senso di abbandono da parte di Dio e degli uomini unico nel suo genere, la sua morte irripetibile. Non è questo, pertanto, il senso della sequela: essere abbandonati nello stesso modo da Dio e dagli uomini, patire le stesse sofferenze, vedersi infliggere le stesse ferite. Al contrario, la sfida della sequela è portare ciascuno la *propria* croce, affrontare il rischio della *propria* situazione e, nonostante l'incertezza del futuro, percorrere la *propria* strada. Teologicamente parlando, la sequela non va intesa nel senso di imitazione, bensì in quello di «correlazione», di corrispondenza.

La sofferenza umana rimane sofferenza, la morte rimane morte, la sofferenza e la morte rimangono un attacco alla vita dell'uomo. La sofferenza non va spacciata per qualcos'altro, minimizzata o glorificata. Non va cercata con intenti masochistici o usata per trarne un piacere ascetico. Non va neppure accettata stoicamente o sopportata con apatia e indifferenza. Piuttosto è necessario combatterla con tutti i mezzi disponibili e, per quanto possibile, sconfiggerla tanto nell'ambito individuale quanto in quello sociale, tanto nelle persone quanto nelle strutture.

Il compito e il dovere dei cristiani e delle Chiese nella società moderna è contribuire con impegno alla complessa battaglia contro la sofferenza, la povertà, la fame, le disfunzioni sociali, la malattia e la morte. Il mondo di oggi ha prodotto molte nuove sofferenze, ma ha anche creato enormi possibilità per superarle, come dimostrano i progressi della medicina, dell'igiene, della tecnologia e dell'assistenza sociale. Non bisogna cercare la sofferenza, dunque, bensì sopportarla, e non solo sopportarla, ma anche combatterla. Di conseguenza, la sequela della croce e l'eutanasia non si escludono a vicenda.

In sintesi: Gesù come servo sofferente del Signore (cfr. *Is* 52,13-53,12) continua a essere un modello straordinario di sopportazione della sofferenza inevitabile, una consolazione per i malati gravi e una promessa di nuova vita per i moribondi, ma la spaventosa morte sulla croce che gli è stata imposta non va addotta a pretesto per rifiutare ciò che oggi è possibile, ossia l'opportunità di decidere sotto la propria responsabilità quando e come morire. Ma c'è spazio per questo nella Chiesa?

3. Dottrina e prassi ecclesiastica

Il filosofo spagnolo Antonio Monclús (Università Complutense, Madrid) dimostra, nell'accuratissimo volume *La eutanasia, una opción cristiana* (GEU Editorial, Madrid 2010), che nella storia della Chiesa esistono diverse opzioni cristiane rispetto all'eutanasia.

L'uccisione di sé viene giudicata in modo diverso a seconda delle epoche. Nel periodo precostantiniano, durante le persecuzioni cristiane, si racconta in tono talvolta elogiativo che un membro della comunità cristiana ha preferito togliersi la vita piuttosto che cadere vittima della tortura o dello stupro oppure finire in un bordello. Nell'era postcostantiniana (intorno al 400), invece, si osserva una svolta, soprattutto dai tempi di Agostino e della sua visione pessimistica della vita influenzata dal manicheismo: l'eutanasia viene condannata come crimine e peccato, causando la sua tabuizzazione all'interno della cristianità. È vero, Gesù non ha mai parlato di eutanasia ma, nonostante la sua opposizione radicale alla sofferenza umana, la tradizione cristiana lo ha presentato sempre più spesso come un modello morale di sopportazione del dolore e della sofferenza. In realtà, però, l'eutanasia come opzione cristiana trova continuamente spazio nella Chiesa. In netto contrasto con la dottrina ufficiale, infatti, la prassi ecclesiastica mostra molti esempi di «buona morte», una «condotta eutanasica» assolutamente accettata in varie forme di decesso non naturale: partendo dai martiri, passando per le crociate e le guerre religiose, fino ad arrivare all'applicazione di determinati principi, per esempio la «guerra giusta» o la pena di morte. Bisognerebbe tenerne conto quando si parla dell'ammissibilità o dell'inammissibilità dell'eutanasia. Le complesse tesi esposte nel libro di questo filosofo spagnolo meriterebbero di essere analizzate e discusse in modo più approfondito.

Senza dubbio esiste una vistosa spaccatura tra la concezione tardoantica della buona morte e quella cristiana, ma fondamentalmente la mia opinione è questa: l'ideale di un'organizzazione razionale e autoconsapevole della vita e della morte, che si affidi il meno possibile al caso, non è affatto inconciliabile con l'ideale di un atteggiamento umile verso la vita e la morte, che metta fiduciosamente la fine dell'esistenza nelle mani di Dio. In età avanzata, il suicidio motivato dalla fiducia in Dio implica sostanzialmente entrambe le cose: umiltà e autodeterminazione, serenità e libertà di azione, fede e condotta responsabile dinanzi a Dio.

4. *Preghiera*

Sostengo una fede ben ponderata – soppesata criticamente – in Dio e nella vita eterna. Per me, le due cose sono inscindibili. La fede nella vita eterna senza la fede in Dio sarebbe assurda, priva di fondamento. Viceversa, la fede in Dio senza la fede nella vita eterna sarebbe insensata.

Per chiarire questo concetto vorrei concludere con una preghiera che compare anche alla fine di *Una battaglia lunga una vita*. Forse alcuni lettori si sentiranno stimolati a inventare una preghiera a loro volta, anche se magari molto più breve. E chissà, forse anche una Chiesa capace di riconoscere i segni dei tempi sarà ispirata a sperimentare e infine a introdurre non solo una preghiera, ma anche una liturgia funebre personale per questi individui.

La nostra vita è breve, la nostra vita è lunga.
E pieno di meraviglia sto di fronte a una vita
che ha avuto le sue svolte inattese e pure la sua linearità:
una vita di oltre 31.000 giorni, belli e foschi,
mutevoli, che hanno portato con sé tante esperienze
nel bene come nel male,
una vita di cui oggi posso comunque dire: è stato bene così.

Ho ricevuto incommensurabilmente più di quanto ho
[potuto dare,
tutte le mie buone intuizioni e le mie buone idee,

le mie buone decisioni e azioni
mi sono donate, permesse dalla Grazia.
Quando ho deciso erroneamente e agito male
mi hai guidato in modo invisibile.
Ti chiedo perdono per tutto, dove ho mancato.

Ti ringrazio, Inafferrabile, Onnicomprensivo, ovunque
[Onnioperante,
Principio, Sostegno e Senso originario del nostro essere
[che noi chiamiamo Dio,
Tu, il grande mistero indicibile della nostra vita,
Tu, l'infinito in ogni finitezza,
Tu, l'ineffabile in ogni nostro discorso.

Ti ringrazio per questa vita con tutti i suoi misteri e le sue
[stranezze.
Ti ringrazio per tutte le esperienze, quelle chiare e quelle
[oscure.
Ti ringrazio per tutto ciò che è riuscito e per tutto
ciò che tu alla fine hai volto in bene.
Ti ringrazio che la mia vita è potuta diventare una vita
[riuscita,
non per me solo, ma anche per coloro
i quali hanno potuto parteciparvi.

Il piano secondo cui trascorre la nostra vita con tutte le sue prove e tribolazioni, lo conosci Tu solo.
La tua intenzione con noi non la riconosciamo fin dall'inizio.
Non possiamo vedere, come Mosè e i profeti,

il tuo volto in questo mondo.
Ma come Mosè nella fessura
ha potuto vedere di spalle il Dio che passava,
così anche noi possiamo riconoscere la tua mano, o Signore,
nella nostra vita e possiamo apprendere
che tu ci hai portati e guidati e
che ciò che noi stessi abbiamo deciso e fatto
è stato ogni volta da te ricondotto al bene.

Così, tranquillo e fiducioso,
pongo anche il mio futuro nelle tue mani.
Siano molti anni o solo poche settimane,
mi rallegro di ogni nuovo giorno che mi è donato
e lascio a te in piena fiducia senza preoccupazione e angoscia
tutto ciò che mi attende.
Perché tu sei come l'inizio dell'inizio e il centro del centro
come anche la fine della fine e il fine dei fini.
Ti ringrazio, mio Dio,
perché tu sei misericordioso
e la tua bontà dura in eterno.

Amen. Così sia.

Poscritto motivato da un recente episodio

Alla fine di giugno del 2014, poco prima che questo volume andasse in stampa, le mie condizioni di salute hanno subito un grave peggioramento dovuto al progresso del morbo di Parkinson. Letteralmente da un giorno all'altro, ho avuto l'impressione di aver perso il controllo della mia vita, una situazione che è migliorata a poco a poco solo dopo settimane di tenace assistenza medica.

Era proprio l'esperienza che volevo evitare a tutti i costi: non poter più decidere liberamente della mia vita e della mia morte, lasciarmi «sfuggire» il momento giusto. Io e la mia casa editrice, la Piper Verlag, ci siamo domandati se la mia tesi principale non fosse stata svuotata di significato, se il libro non fosse ormai privo di contenuto e se dunque non fosse meglio sospendere la pubblicazione.

Dopo una discussione minuziosa, tuttavia, abbiamo deciso di procedere ugualmente. Avevo sempre saputo che un simile destino sarebbe potuto toccare anche a me e che il desiderio di conservare il controllo sulla mia vita fino all'ultimo secondo era un'illusione. Le esperienze di quei giorni e settimane hanno rafforzato la mia convinzione che, anche in caso di grave peggioramento delle condizioni di salute, ogni essere umano debba prima ricorrere a tutti i mezzi medici possibili per rimettersi in sesto. Sono dunque contento di aver superato quel momento critico e di essere tornato a vivere, e dedico pertanto con gratitudine questo libro ai medici, ai terapisti, agli infermieri e a tutti gli uomini e le donne che mi sono stati vicini.

L'attualità e l'urgenza della mia tesi fondamentale non sono cambiate. Il singolo ha sia una responsabilità davanti a Dio e agli uomini sia il diritto di decidere in autonomia della propria vita e della propria morte. Questa autodeterminazione mi sembra giustificata sul piano teologico e necessaria su quello etico. Come ho scritto nella premessa, con la mia convinzione vorrei «contribuire al costante processo di discussione e dare voce a un teologo cristiano che, sul piano esistenziale, è interessato in prima persona da questa problematica». Dopo la crisi che ho attraversato, questo interesse personale è più forte che mai, e la convinzione è rimasta invariata.

Hans Küng
Sursee (Lucerna), agosto 2014

Indice

Finito di stampare nel mese di gennaio 2015 presso
Grafica Veneta – via Malcanton, 2 – Trebaseleghe (PD)

Printed in Italy